决定宝宝智商和情商的科学胎教

（韩）朴文一　著

王倩倩　译

辽宁科学技术出版社

·沈阳·

图书在版编目（CIP）数据

决定宝宝智商和情商的科学胎教/（韩）朴文一著；王倩倩译. —沈阳：辽宁科学技术出版社，2012.7
ISBN 978-7-5381-7480-9

Ⅰ.①决… Ⅱ.①朴… ②王… Ⅲ.①胎教—基本知识 Ⅳ.①G61

中国版本图书馆 CIP 数据核字（2012）第 091219 号

出版发行：辽宁科学技术出版社
　　　　　（地址：沈阳市和平区十一纬路 29 号　邮编：110003）
印 刷 者：辽宁彩色图文印刷有限公司
经 销 者：各地新华书店
幅面尺寸：168mm × 236mm
印　　张：13
字　　数：100 千字
印　　数：1~4000
出版时间：2012 年 7 月第 1 版
印刷时间：2012 年 7 月第 1 次印刷
责任编辑：张歌燕
封面设计：魔杰设计
版式设计：于　浪
责任校对：刘　庶

书　　号：ISBN 978-7-5381-7480-9
定　　价：32.00 元

联系电话：024-23284063
邮购热线：024-23284502
E-mail：geyan_zhang@163.com
http://www.lnkj.com.cn

胎教是我们共同的责任

《决定宝宝智商和情商的科学胎教》已经出版8个年头了。当时写这本书的初衷，是想改变当时传统胎教无法充分体现其价值、内容陈腐不合理的状况。另外，出于一名医生、一名科学工作者的义务和责任，我觉得自己有必要写这样一本书，以唤醒大家对科学胎教的认识。

此书出版后有关胎教的书如雨后春笋般涌上市面。据当时一位出版界的朋友讲，近五年所出版的胎教书的数量甚至超过了此前所有胎教书的总数。这些胎教书的出版无疑是让人欣慰的，不管怎样，这种现象说明有更多的人可以从一个全新的视角来看待胎教。但让人仍感到遗憾的是，能够科学地解释、实践胎教的书并不多见。

我最初写《决定宝宝智商和情商的科学胎教》的时候，几乎找不到一份能够系统科学地研究胎教的资料，困难颇多。现在情况有所好转，在国外也有不少研究资料陆续发表。最近，有一篇关于通过"精神心理学 psychobiology"来解释怀孕时子宫内保护胎儿的羊水的论文备受瞩目。这篇论文提出了一个惊人的结论：羊水的质量决定了在子宫内成长的胎儿的性格和记忆力，进而影响其智能发育。这项研究结果阐明了羊水是人类学习并获取知识的最初介质，再一次论述了胎儿可以在羊水中区分声音、气味和味道，甚至可以在羊水中受到情绪感染。在此基础上，提出胎教可以通过羊水来进行，这不可不谓神奇。

在本次修订版的《决定宝宝智商和情商的科学胎教》中，添加并修改了新发表或者被修正的理论和研究成果，更为准确地将信息传达给读者。并且为了让准父母们能够更轻松地阅读，对结构进行了重新调整，为了便于读者理解，采用了更通俗易懂的说明。到现在为止，我仍然坚信所有教育中最重要的就是胎教。因为胎教作为父母对孩子最初的教育，对孩子的大脑发育和心智形成有着重要的影响。所以，胎教不能只是孕妇的责任，而是应该成为丈夫和其他家庭成员，乃至朋友、同事等周围人共同努力的教育方式。

《决定宝宝智商和情商的科学胎教》在初版结尾时介绍了美国总统罗斯福的实例，强调了"胎教可以救国"。不论是我国的学者、科学家，还是政治家们都明白了胎教的重要性。为了保留并传播我们先贤留下的传统胎教，愿尽我的一份绵薄之力。

给宝宝的最好礼物——胎教

越来越多的孕妇都在做胎教，但其中有很大一部分人并不是因为真正理解胎教或认可胎教的效果才这样做，更多成分上是受周围人的影响。

那么，胎教到底是迷信？是习惯？还是有什么科学依据呢？

在很久之前就有很多人提出这个疑问，然而事实上科学家们对此并不关心。几年前美国匹兹堡大学德布鲁因教授提出"子宫内的环境决定了孩子的智能指数"的观点，引起了全世界的瞩目。这篇论文发表在世界最高学术杂志《Nature》上，得到了学术界的肯定。令人高兴的是，受此影响，越来越多的人开始关注胎教的科学性。但是，许多人只关注于西方的胎教，而关于胎教的正式研究虽然始于国外，其根基却是在东方。

我认为，胎教起源于东方，韩国对此方面的研究也处于领先地位。1803年师朱堂李氏写下了世界最早的胎教单行本《胎教新记》。以《胎教新记》为代表的韩国传统胎教的特征为：强调孕前胎教和父性胎教，其科学性也不断被证明。然而，因为一些迷信行为导致传统胎教无法得到正确地对待。

我在妇产科门诊曾接触过无数案例，看到许多产妇的家人对胎教漠不关心。本该负责创建良好的胎教环境的人们反而深陷于迷信泥潭，而忽视了胎教。胎教可以影响一个孩子的一生，人们却对此毫无所知，实为一件憾事。

在此书中，我以《胎教新记》和《七胎道》为中心，并参考了孕产科方面的相关研究论文，详细阐述了胎教的科学性，尤其是韩国传统胎教的种种优势。虽然其中也会穿插介绍一些流传至今的各种民俗胎教和地方胎教，但大体上并不脱离这两本书的叙述范围。

当然，凡事过犹不及，就像大海中倾斜的小船，为了维持平衡就拼命往对面搬行李，最终船只会倾向另一方。我建议科学地看待胎教，就是想将那些误解的眼光纠正过来，并不是想全盘否定，也不是要矫枉过正。

我并不想强迫读者朋友们相信胎教是一门科学，只是想从一名医学专家的角度，来说明这期间发表的数篇研究论文与我们传统胎教的关联性。书中大部分内容都是现代科学的临床医学、精神医学和身心医学中的精华，希望这本书可以证明一个事实——胎教是一门人性科学。

胎教并不只是孕妇的责任，丈夫、家人，甚至每个社会成员都应该参与进来。这是因为对于孕妇来说，身边的环境最为重要。因此希望丈夫、家人和周围的人要比孕妇更认真地阅读此书。通过胎教学会珍爱胎儿，同时自己也会受益匪浅。为了给胎儿提供一个良好的环境而不懈努力，这些都将促进胎儿的大脑发育，对提高智商指数（IQ）、情感指数（EQ）、道德指数（MQ）等综合指数（TQ）起着重要影响。可以满足一个人所需的一切的，正是胎教。

　　将胎儿培养成一个身心健康的孩子，不只是家长也是全社会的责任。尤其在如今这个复杂的社会环境中，坚定"胎教可以救国"的信念，珍惜爱护我们的孕妇，请问，还有什么能比这个更让人高兴的呢？

闪耀传统智慧之光的《七胎道》
和《胎教新记》

谈及传统胎教的科学性，首先要知道其内容从何时开始，在此我简单介绍一下《七胎道》和《胎教新记》。

《七胎道》，顾名思义，记载了胎教的七种方法，与"三胎道"并称为民间胎教的代表。所谓三胎道，指的是胎教的三种德行，在此基础上新增四个就成为了七胎道。据说一般家庭会遵守三胎道，地位高的家庭则会遵守七胎道。因此七胎道几乎囊括了传统胎教，抑或民俗胎教中传下来的全部内容精髓。

在介绍"七胎道"之前，让我们先来了解一下"三胎道"。

第一道，指出了妊娠期间不可以做的五件事，即禁忌事项。包括分娩月不要洗头、不要爬高石和祭器、不要饮酒、不要负重穿越危险的山路或者湍急的河流、吃饭时不要吃怪味或者异味食物。

第二道，勿多言、多笑、受惊、害怕、恸哭、悲伤。

第三道，避开胎杀场所。胎杀场所指的是弥漫着危害胎儿气息的地方。古人们在每个妊娠月都指定了不同的场所，禁止孕妇接近。例如，怀孕第一个月避开廊子，第二个月避开窗门，第三个月避开门槛，第四个月避开锅台，第八个月避开茅房，第九个月避开门和内屋等。虽然有一部分迷信因素包含在内，但不难看出古人们对胎儿是何等爱惜。

所谓"七胎道"就是在上述三种内容以上再加上下述四种内容。

第四道，要静坐着聆听美妙的话语，背诵先贤的名句，作诗书画，欣赏高雅的音乐。还有三项不准：勿听恶言，勿观丑事，勿存邪念。

第五道，不要横卧，不要倚靠，不要斜站。但是妊娠期间的单数月，即奇数月份可以向左侧横卧。他们认为奇数是左侧的代名词。

第六道，怀孕第三个月是孩子品行的形成时期，因此提前将象征高雅贵重的犀象（犀牛角和象牙）、鸾凤（鸾鸟和凤凰）、珠玉、钟鼓、名香（质量上乘的香）等放到近前观看或者随身携带。并且还有听"风入松（风穿过竹林的声音）"、闻"暗香（嗅梅花或者兰草的隐隐香气）"等雅致活动。

第七道，怀孕期间禁欲。特别指出如果是在分娩月发生性行为，孩子就会得病或者夭折。

这七种胎教方法固然存在着一些迷信的东西，实际上民俗胎教中也有些无根据的东西，比如，妊娠期间如果吃鸭肉就会生出长着鸭蹼手的孩子，吃鱼的话就会生出鱼鳞皮肤的孩子，如今大概没有孕妇会相信这些说法吧！其实，这种错误的说法都是在人们口口相传的过程被夸张或添油加醋了，其在《胎教新记》、《闺阁丛书》等原本中考证不到这样的内容。

虽然存在着一些迷信因素，但是传统胎教的最终根本还是好的：即感知美好的事物，怀着快乐的心情，注意端正的言行。这些方法在很多方面都与现代的科学解释有着异曲同工之处。我们的传统胎教经历了漫长的岁月，仍然保持着旺盛的生命力。

《胎教新记》作为师朱堂李氏的杰作，在东方甚至是全世界，都是最早的一本关于胎教的集大成之作。师朱堂李氏生于英祖时期 1739 年全州李家，以学识和妇德闻名，后嫁于晋州柳家，育有一男三女。以学识渊博出众而备受推崇的她将自己的胎教经验和丰富的学识融入到所著书中。她的儿子是朝鲜时期有名的实学家柳禧，《胎教新记》于顺祖 1803 年由母子二人共同完成。师朱堂李氏文采出众、著述甚多，但因她本人的遗言要求在其去世后将著书全部烧毁，所以流传于世的并不多，只有这本《胎教新记》在她小女儿的衣柜里被发现，才得以流传至今。这本书直至 1966 年才被译为韩文，而日本在 1932 年就已经翻译了此书供众多孕妇阅读。

从《胎教新记》的第一章"只言教子"中截取如下章节内容。

"老师的十年传授比不上母亲的十月胎教，母亲的十月胎教也不如夫妇结合之时父亲心性的正直。"

上述内容强调了子女的资质取决于父母，字字珠玑，言真意切。

《胎教新记》中除与上述内容相同的指导之外，还详细记载了关于孕妇的心理变化、生活态度、具体胎教方法等方面的内容。

《七胎道》和《胎教新记》承接起了传统胎教的脉络，拙作以这两本书为中心，寻找它们与现代科学的关联性，从而探索具体的实施方案。希望此书能帮助众多孕妇和其家人寻找到正确的胎教方法，迎来一个身心健康、快乐成长的新生儿。

目 录

第1章 胎教是一门科学

第2章　了解子宫，了解胎儿

第3章　孩子的 IQ 在妈妈腹中已被决定

第4章　培养感情丰富的孩子的 EQ 胎教

第5章　让妈妈轻松、宝宝聪明的音乐胎教

第6章　妈妈幸福了，孩子才能幸福

第7章　双倍提升胎教效果的爸爸胎教

胎教是一门科学

- 为了孩子健康的胎教科学
- 怀孕本身就是最优秀的胎教
- 怀孕前三个月决定孩子的一生
- 不当的胎教商品无益于胎儿生长
- 只给胎儿一个人听的音乐胎教毫无效果
- ※ 为胎儿进行的第一次胎教
- 不要怀着特殊的目的进行胎教
- 胎教没有成绩单
- 相信胎教，它就会给你惊喜

为了孩子健康的
胎教科学

胎教是一门科学，只是在实证试验上有着些许界限难以阐明而已。许多人对胎教的科学性持怀疑态度，这是因为证明胎教科学性的论据都是一些"间接论据"。但即便如此，假若过程和结果明确，也可以成为充分的科学证明。

现今社会生活环境让很多人备受一种代表性疾病——"压力病"的困扰。在过去，谁能想象得到压力也能成为病因。然而现在，以心灵可以影响身体的理论为基础，一门"身心医学"已开始被人们认识和接受。再比如，癌症至今仍未被阐明其病因和发病机制，只是停滞在诊断和治疗上，而且只有间接的证明，几乎没有直接的证明。然而，并没有人说这样的癌症预防或者治疗方法是不科学的。胎教也是如此。虽然现在难以科学地证明其效果，但是间接证据不胜枚举。在此期间，许多研究论文阐明了"胎教"和"孩子身心健康"的相关性，并且相关的研究成果仍然陆陆续续地出现。许多科研人员为了证明胎教的科学性在孜孜不倦地努力着，这些研究结果正将此前无形的胎教以具体的形态展现在人们眼前。

我们可以将胎教想象成是一门为了将腹中胎儿培养成身心健康的孩子的医学，或者将其理解成为了身心不健康的孩子而制订的治疗方法和预防方法。这就像为了预防肺癌，医生劝人们戒烟一样，如果赞成戒烟可以预防肺癌，那么，想生出一个健康的宝宝就没有理由不接受胎教。

怀孕本身就是最优秀的胎教

胎教真的可信吗？或者只是一种迷信？根据笔者在妇产科病房工作 30 余年的经验来看，大多数的孕妇是相信胎教的作用的，并不认为胎教是迷信，这或许是与她们的信仰和受到的教育有关。

　　但与此同时，因为太多的胎教方法以各种形式流传开来，有人盲目地接受了那些在谁看来都是迷信的种种方法，这也是一个不争的事实。例如，有很多孕妇勉强自己听自己不喜欢的古典音乐，还有的孕妇用腹带将录音机缠在肚子上让孩子一整天听英语。更有一部分自诩为胎教专家的人将一些未经证实的方法挂上"科学"的招牌去误导孕妇。这些事情必须要及时制止。

　　笔者在几年前一个温暖的春天接待过一位 20 刚出头的孕妇，她怀孕刚过 3 个月，我按照惯例问她有没有做胎教，一般情况下大部分孕妇都会回答自己做了哪些胎教，例如"经常听音乐"或者"读了几本好书"等，也有些孕妇很难为情，显然对胎教并不关心。然而这位年轻的孕妇什么话都不说，只是瞪圆了眼睛盯着我，我以为她对胎教一无所知，没想到她突然反问我"还有不做胎教的妈妈吗？"

我被这突如其来的回答弄蒙了，这位孕妇继续说："来这里不就是在做胎教吗？如果不爱孩子的话就不会来这里了。怀孕后我非常小心地照顾自己的身体。一定要做什么才算是胎教吗？"

我被这位孩子气的孕妇简明有力的反问弄得脸红。

她认为为了胎儿定期到医院做产检就是胎教，这句话使我一直以来所坚持的胎教概念产生了动摇。这句话非常正确，胎教并没有什么特别的方法。此前我对胎教的思考一直太医学化、科学化，将其视为一种手段，这位年轻孕妇的话对我来说是一个新的启发。

不要单方地强求孕妇进行胎教，因为所有的孕妇已经开始做胎教了。没有一位准妈妈不担心正在腹中生长的胎儿，没有一位准妈妈不希望腹中的胎儿平安降生、健康长大，这就是胎教。无比珍爱腹中胎儿的准妈妈从怀孕开始就已经进行胎教了。

既然孕妇们已经在自觉地开始胎教了，那么，医生们或者周围的人们又应该如何做呢？应该注意不要向孕妇施加不必要的压力，以免妨碍其进行胎教，这是非常重要的。若不想妨碍胎教，首先要理解胎教的科学根据。我们需要知道子宫是干什么的、胎儿是如何成长的、胎儿适应什么样的环境，等等；更需要明白为什么不能在孕妇面前大喊大叫、惊吓孕妇的后果是如何严重；尤其不能因为对胎教知之甚少，就盲目地采取近似迷信的胎教方法。有些谬论依然存在，例如经常吃里脊肉孩子就会驼背，经常吃鸡肉孩子就会长鸡皮肤。在我们的传统胎教中，这种迷信要素只是极小一部分，对于这些谬论我们应该有正确的认识。大部分传统胎教都有其合理性，并且都得到了直接的或者间接的证明。

当周围有人怀孕，人们好像都会不自觉地劝孕妇们"做胎教"，但这只会给孕妇制造压力，并无任何助益。送她一本好书，一张美妙音乐 CD，或许更好一些。

几乎没有不做胎教的孕妇，周围的人们只需要静静地帮助即可，不必把胎教的概念强加给她们。因为对于所有的孕妇来说，"怀孕"本身就是最好的胎教。

怀孕前三个月决定
孩子的一生

腹中胎儿快速成长，发育状态大有不同，所以建议根据月数来调整胎教。因此有必要了解各个时期胎儿的成长变化过程。

怀孕5周指的是月经未按时到来之后的1~2周。这个时期的胎芽只有4~5mm大小，但是心脏、心膜、四肢的原型细胞已经形成。通过超声波检查确认，怀孕6周时可以测定胎儿心脏搏动的情况占80%，怀孕7周后若无任何异常可以100%地测定出心脏搏动。怀孕后一个半月，胎儿已经产生了心脏。怀孕10周，胎芽长到22~24mm，手指、脚趾隐约可见，头部的耳朵外廓也已经形成。胎芽虽然只有成人手指的一节大小，但手指、脚趾已经发育。怀孕11周时，胎芽大小为50mm，重量约为8g。此时胎芽的大部分器官已形成，脐带里生成肠器官。眼睛紧闭，头部变得更圆。

怀孕 12 周时胎芽大小为 60~70mm，重量约为 14g，这时的胎芽应该成长为胎儿了。其腹腔内各个器官已经就位，手指、脚趾也已清晰可辨，仔细看的话还可以看到手指甲，头部开始长出毛发，这些现象都具有重要意义。手指甲的生成说明手指皮肤的末端开始角质化，并不是生成新的器官，也就是说，这意味着手指的皮肤正在成长发育。已经形成的头皮开始了功能性的成长发育，先产生了毛囊，紧接着长出汗毛。身体的各个器官全部形成之后，一部分器官内部开始成长发育。

怀孕 12 周时的胎儿具备了新生儿出生时的所有体内器官，并且大部分器官进入成长发育阶段。因此对于胎儿来说，身体发育最关键的时期正是这个时候。怀孕 12 周大概为受精后 10 周左右，如此短短的时间内，孕妇的子宫内外会发生惊人的变化。

因此，怀孕前三个月的胎教极其重要，胎儿的各个器官都在这个时期内形成，对此孕妇要有正确的认识并养成良好的生活习惯。笔者经常看到许多孕妇及其家人总是为怀孕之事忐忑不安，辗转反侧，这是非常不利于胎教的。被诊断出怀孕后，孕妇身心需要淡定，所以双方父母和丈夫要给予其帮助。怀孕的兴奋只是一时的，以后的时间里大部分孕妇都会因身体和情绪方面的原因而倍感压力，此时，是非常需要周围人们的帮助的。

韩国传统胎教认为从怀孕前就应该开始重视身体和心理状况，我们不妨回顾一下前面介绍的《胎教新记》中的那句话："老师的十年传授比不上母亲的十月胎教，母亲的十月胎教也不如夫妇结合之时父亲心性的正直。"也就是说，胎中 10 个月的教育比出生后十几年的教育还要重要，更重要的是夫妻性生活时丈夫的心理状态。

这种传统胎教将所谓的预防医学应用其中，其中很多观点的科学性也在今天被一一证实。

不当的胎教商品无益于胎儿生长

正因为人们对胎教越来越重视，市面上奇怪的胎教商品也层出不穷，有好多都令人费解。这里举一个最具代表性的例子，有人将其他产妇或者胎儿心脏搏动的声音或子宫内的声音录下来作为胎教商品，兜售给孕妇，据说孕妇如果经常给胎儿听这些声音，会有助于胎儿的成长发育。

情况果真如此吗？事实上，如果不是孕妇本人的心脏搏动或宫内声音，对胎儿来说，那都是噪声，没有丝毫用处。这些胎教商品在理论基础上根本就不成立。许多科研人员的研究结果就证明了这一点。荷兰的文斯博士曾经录下妊娠中的母羊的叫声，将其和其他羊的叫声混在一起放给刚出生的小羊听，借此来观察小羊的反应。结果表明，小羊对不同母羊的叫声有不同的反应，只有在听到自己妈妈叫声的时候心跳才有变化，这说明小羊能明确地区分出母羊和其他羊的叫声。荷兰的 Colley 博士也进行过类似实验。他将孕妇睡觉时胎儿的心跳声、呼吸声和胎动声等统统录下来，在孩子出生后放给他听，并且将其他孕妇的声音也混在其中播放，以此进行比较，实验结果还是跟前面提及的小羊实验结果一致，孩子只对自己曾经熟悉的声音有反应。

小羊和新生儿的共同点在于对自己在子宫里面听到的声音反应非常敏感，虽然这种反应是否一定会对新生儿产生良好的影响并不得而知，但可以肯定的是，其他孕妇的声音不会对胎儿产生任何影响。

上述两个实验结果证明，刚出生的动物或人都对胎儿时期曾经听过的声音留有记忆。能够轻易对胎儿时期听到的声音做出反应，表明他有认知自己妈妈的能力，这种能力是包括人类在内的所有生物所共同具备的。

新生儿最喜欢在子宫里面听过的自己或者妈妈的声音。如果听到这种声音，就会重新找到胎儿时期的那种安全感。孩子在妈妈怀中停止哭泣，是因为他记起了胎儿时期曾经听过的妈妈的心脏搏动声，这个事实已经被众多学者所证实。

此类事例不胜枚举，由此可以看出胎儿对不是自己妈妈的其他孕妇的声音没有丝毫反应。然而，有好多孕妇听信了那些虚假宣传，使用一些无法用科学解释的商品，虽然出发点是好的，但是却毫无作用。如果理解了上述内容，那么孕妇们就不会再使用那些毫无科学依据的胎教商品了。

许多教育学者们不约而同地指出："决定出生后一年内成长发育的因素已经在胎儿时期形成了。"但是这并不意味着胎教就可以不分轻重、急于求成。让我们从科学的角度来了解胎教，这是合理进行胎教的前提条件。为此我们需要粗略地了解一下怀孕环境。从现在开始让我们逐一对其进行解析，特别是与胎教有关的多种环境。

只给胎儿一个人听的
音乐胎教毫无效果

曾经有一位孕妇来诊所检查，从她的腹部传来音乐声，一问才知道，她竟然把随身听放在口袋里，用腹带将耳机固定在腹部给胎儿听音乐，而孕妇则自顾自地一直和医生说着话，表情很无所谓，丝毫未被音乐打搅。笔者在其他地方也看到过类似的情况。有的孕妇自己明明正在和朋友聊天，却给胎儿听着音乐。

市场上出现的胎教商品中，这种专门为胎儿设计的播放器比比皆是，孕妇只需在腹带或者衣服里面别上一个小小的麦克风，就可以给胎儿听童话或者音乐，而孕妇自己则置身事外。只是因为人云亦云，大家都说好才做而已。这些播放器说明书里面的理论众说纷纭，但都一致表明如果给胎儿听音乐、童话或格言就会有助于其情感发育、智能发育以及头脑的形成等，这一点虽然有道理，但这种方式是否可行、是否有效却值得商榷。

首先这是一种强制性的胎教。以这种方式给胎儿听音乐，就如同勉强不爱学习的孩子坐在书桌前一样。妈妈对此漠不关心，忙着做自己的事情，只让胎儿听音乐或者童话，就更不像话了。只有妈妈将听音乐时的情感传达给胎儿，胎儿才会受益，而不应该仅仅靠音乐本身来影响胎儿。

给胎儿听童话也是如此，因为胎儿无法通过言语理解童话所包含的内容和情感，所以妈妈首先要了解故事内容，并将感情融入其中，再讲给孩子，为胎儿营造一个情感环境。不必故意提高音量，胎儿更喜欢妈妈那略微低沉的、饱含感情的温暖声音。妈妈温暖的声音透过腹部传达到子宫，再通过羊水产生共鸣，会让胎儿感到安全。如果非要使用什么装置，还不如将耳机给孕妇带上，由孕妇用低沉的声音跟读。

为胎儿进行的第一次胎教

　　胎教，指的是"子宫内的教育"，如果用英语来表达就是"Antenatal Training（产前训练）"，但"training（训练）"听起来没有"胎中教育"那样亲切，所以，按照我们东方人的习惯思维把西方人的"Antenatal Training"称为"胎教"。

　　在表示日程的阴历纪年和阳历纪年中，笔者认为阴历更为科学。举个简单的例子，潮汐随着月份的变化而变化，以这种月份的变化为基准的是阴历。阳历又叫"格里高利日历"，以罗马的格里高利教皇的名字命名，以太阳位置变化为基准，以月亮移动作参考。阴历则是按照实际月升月落为标准，以太阳移动作参考。

　　笔者认为，现在我们的生活环境，以月亮移动为标准的阴历要比以太阳移动为标准的阳历更加科学，而阴历正是始源于我们东方。在东方，一年分为24节气，这个比阳历更能精确地反映气候变化。与一年分12个月的阳历相比，侧重于反映自然现象的阴历则理所当然地更为准确。

女性的正常妊娠时间为10个月，这也是按照阴历计算的。因为阴历一个月为28天，十个月就是280天。妇产科医生普遍都以此为准来计算预产期，孩子的百岁宴也是按照阴历来计算的，这些都蕴涵着丰富的东方哲理。如果孩子足月（10个月，280天）出生，那么准确的妊娠时间为266日。这是因为扣除女性从末次月经来潮到排卵日之间的14天。末次月经后第14天开始排卵，这时男性的精子和女性的卵子融合受精。在266天的基础上再加上100天，经过准确计算之后和一年（365天）只相差一天。因此所谓的百日宴就是纪念受精一周年的日子。这是多么巧妙的计算啊！

不要怀着特殊的目的
进行胎教

胎教的时候不能急于求成，但是仍然有不少准妈妈怀着特殊的目的进行胎教。要培养身心健康的孩子并不难，难的是有些孕妇定下了更具体的目标，比如为了孩子出生后学得更好而进行胎教，更有甚者因为梦想着孩子能成为英语天才才热衷于胎教。市面上为胎儿准备的英语 CD 也趁机登场，有些女性在怀孕期间经常听英语 CD，希望能让孩子提前学习英语。

可是，胎教英语教育真的可行吗？如果可行那依据又是什么？笔者在这里想阐明的是，按照具体的目标进行胎教是绝对不值得提倡的，但是科学地研究这些问题还是有意义的。

让我们来看看法国里尔大学的 Querleu 教授于 1988 年发表的研究结果。他认为，在所有动物和人的实验中，子宫内的胎儿都可以感知外界的对话内容。这个事实也在以色列的 Sohmer 博士于 2001 年发表的论文中得以证明，他提出，外界的声音使羊水产生振动，刺激胎儿头盖骨的内耳，胎儿得以听到声音。综合其他学者们的研究结果我们可以得到这样的结论，胎儿大约可以识别外界声响中 30% 的声音，几乎可以区分所有的抑扬。这种现象就像区分音乐的旋律和外语的抑扬一样。除此之外，胎儿不仅能听出妈妈的声音，就算妈妈变幻出各种声音，也都能识别出来。这是因为孩子在怀孕末期时记住了子宫内部和外部的声音的缘故。

语言学家们认为，外语学习中最重要的就是"听力"，其中首先要掌握特有的抑扬，因此胎儿在子宫中区分抑扬就非常重要，这是建立在外语胎教（包括英语）可行的基础之上的。如果在怀孕期间记住了所听到的文章的抑扬和音乐的旋律，就能将此应用到语言教育和音乐教育中去。这些事实也成为了相关胎教商品登场的推动力之一。

但是反对的声音也层出不穷。胎儿时期就不断听英语的孩子之所以英语成绩好并不是胎教的结果，而是归功于出生后父母的努力和周围的环境。他们认为，关心胎儿教育的孕妇们对孩子出生后的教育也十分用心，即后天的教育环境更具有决定性。这种观点也有一定道理。

选择是父母的责任，只是不要抱有英语、音乐等特殊的教育目的，否则反而会给孩子增添压力。如果希望孩子学习，妈妈首先得自觉学习，怀孕期间试试无负担地快乐学习。不要期待胎儿记住"英语"，而是让他记住"努力学习的妈妈"。如果孩子记住了"努力学习的妈妈"，就不会轻易辜负妈妈的期望。

胎教没有成绩单

如果将东西方文化进行比较，人们常会认为东方文化重视情感方面的东西，而西方文化则重视物质文明。但是近代，我们的传统东方思想被讲究科学的西方文明所压制，逐渐走下坡路。

胎教也是如此。我们的传统胎教主要强调妈妈和爸爸，即父母的情感方面。与之相反，西方的胎教则优先重视孕妇的身体健康。在胎教目的上，东方是为了生育一个心性端正的宝宝，西方则是为了生育一个身体健康的宝宝。如果说东方胎教是静态的，那么西方胎教的产前训练则是动态的；如果说东方胎教追求的是不可见的无形结果，那么西方胎教则是追求肉眼可及的实际成果。虽然两者都很重要，但是很多人都因为效果可见而热衷于西方胎教。

如果问笔者哪个更好一些，我仍然回答是东方胎教。因为东方胎教囊括了西方胎教所追求的一切。

　　在讨论胎教科学性的时候说这番话，是因为笔者认为我们优越的传统胎教之根本正因为西方胎教的影响而逐渐消失。如前所述，市面上销售的胎教商品更验证了这个事实，有的准妈妈让还未出生的胎儿听英语、听古典音乐，这都是过于贪心的表现。

　　胎教没有成绩单。重要的不是结果，而是过程。急于求成的父母的想法会如实地传达给孩子。我们的传统胎教并没有教孕妇们贪心，这并不是胎教所要强调的。所以不要妨碍孕妇们正确理解"胎教"，这也算是在帮孕妇们。我们的胎教是以互相尊重为前提，大家要相信这一点。

相信胎教，它就会给你惊喜

就像一想到泡菜就垂涎三尺一样，有些想法一出现就会引起身体的连锁反应，这种现象如何用医学来解释呢？医学大体上分两类，基础医学和临床医学。上述例子涵盖了这两类，两类都涵盖就意味着任何一方都无法提出有说服力的理论支持。为了能明确说明上述现象，需要将医学进一步细分，这就是所谓的身心医学。

身心医学顾名思义，就是研究身和心，即研究肉体和精神相互作用所引起的一系列现象和疾病的学问。举个例子，如果精神压抑、心中上火，身体也会出现相关反应，这是因为人们的想法和感觉等精神要素影响着构成身体的细胞和分子。

有一个有趣的研究结果，向我们展示了如何通过调节精神状态来治疗身体疾病。该项研究为声称有胃溃疡的 100 名患者实施了胃镜检查，检查结果出来后得知其中真正患有胃溃疡的患者只有 20 人。但研究团队并没有将检查结果如实地告诉患者，只是给了这 100 个人一些药物。值得注意的是，提供给 20 名确实有患胃溃疡患者的是治疗胃溃疡的药物，提供给 80 名假胃溃疡患者其他类药物，当然，真胃药和假胃药在外形上非常相似。结果表明，20 名胃溃疡患者因为吃了胃药症状消失，而服用了假胃药的 80 名患者中大部分人症状停止，即他们以为假胃药是真胃药，相信吃了这药之后胃溃疡就会好，所以之前觉得有的胃溃疡症状逐渐消失。可见，精神作用多么巨大。

在妇产科学中也有这种代表性的身心医学。比如，习惯性流产的患者只要抱有"这次一定可以顺利地产下健康的宝宝"的乐观想法，治愈率就会提高，这种现象在现实中比比皆是。乐观思考，相信医生，只要相信自己会痊愈，治疗效果就将大大提高。

既然可以通过调和身心来治疗各种疾病，那么这种方法同样适用于孕妇，胎教就是最好的体现。

第2章

了解子宫，了解胎儿

- 孩子梦想的宫殿——子宫
- 12 周前禁止服药
- 胎儿也有五感
- 给孩子的礼物——阳光
- 胎儿也有不喜欢的声音
- 噪声会影响胎儿的呼吸

※ 喧闹的子宫

- 保护胎儿的听力
- 安静的周边环境是胎教的前提
- 孕妇吃什么胎儿就吸收什么
- 胎儿能感知疼痛
- 胎儿也有记忆力

※ 胎儿记忆中妈妈的子宫

孩子梦想的宫殿——子宫

妈一定要了解子宫，因为这是珍爱的孩子在未来十个月里呼吸成长的地方，只有明确了其结构和作用，才能最大限度地守护孩子的健康。

在曾经的访问或讲座上笔者经常被问及女性的子宫到底能扩张到何种程度这个问题，当我把这个问题再回抛给孕妇们，让她们猜猜答案时，她们的回答有100倍、200倍、500倍。然而事实上，孕妇的子宫可以扩张到1 000倍以上。

子宫可以扩张到1 000倍，许多孕妇都会对此保持怀疑。那么让我们来计算一下，平时子宫的体积为7~10mL，然而妊娠末期胎儿的体重约为3 500mg，胎盘的重量为500~1 000mg，羊水的体积约超过5 000mL。这是一个胎儿的情况，如果是双胞胎或者三胞胎还要更重。所以可以想象，子宫有着惊人的扩张能力。

大幅扩张的子宫内满满的羊水的功用也不可小视。羊水的作用很多，首先它可以让胎儿自如地移动，还可以促进胎儿的肠道和呼吸器官的发育，活跃心脏功能，另外还可以保护胎儿免受外界冲击。因此，如果没有羊水或者羊水不足都会影响胎儿的正常成长发育，后果会非常严重。

那么，胎儿在子宫内是如何摄取养分的呢？这里我要告诉孕妇们放心，即使因为怀孕初期的恶心、呕吐而不能好好吃饭，胎儿也能平安无事地长大，这是因为他们会将妈妈体内的养分抢来吃掉。由于体内的营养首先输送给胎儿，所以即使妈妈无法正常进餐，胎儿也能在腹中成长。从医学角度来说，胎儿也可以被称为妈妈身体的"寄生物"。但要注意的是，如果妈妈长期营养不良，胎儿还是会受到影响。

另外还要说明一点，孕妇贫血对胎儿没有什么大的影响。胎儿的血红蛋白结构不同于妈妈，所以如果妈妈贫血症状不严重，仍可以输送充足的氧气。

胎儿在妈妈的子宫内受到彻底的保护，可以说妈妈的子宫就是胎儿的宫殿。尽管如此，我们绝不能只关心子宫的内部，还要注意子宫的周边环境和外部环境。否则一不小心，子宫就会变成一个让人倍感压力、令人窒息的空间。

那么，胎儿所在子宫的周边环境都由哪些构成的呢？清楚地了解这一点是进行胎教所必备的常识。胎儿在子宫内会不间断地听到妈妈怦怦怦的心脏搏动声和咕噜噜的肠子蠕动声等。妈妈的心跳声如果是每分钟 70 次，那么孩子的心跳约为每分钟

140次，这是因为若想用微小的心脏来获得充足的氧气，那么心跳就至少要是妈妈的两倍。所以，如果妈妈运动的时候心跳加快，胎儿的心脏搏动也会随之加快，当胎儿体内有水分时就会吐出来，让妈妈身体产生水肿。相反，如果妈妈体内水分不足，就会抢夺孩子的水分，这会给孩子带来很大的压力。

胎儿在成长期间，会根据自己身体的成长来扩张子宫，这是一件很神奇的事情。虽然在怀孕前三个月的时候妈妈会分泌出柔软子宫的激素，但是从第四个月开始胎儿必须通过自己的力量扩张子宫。从这个时期开始，胎儿就像"绿巨人"那样用自己日渐庞大的身体撑开子宫。也就是说，子宫虽然保护着胎儿，但同时也威胁着胎儿。因此胎儿为了保护自己而时刻处于紧张状态。

胎教要从为胎儿提供一个良好的子宫环境开始做起。阻止了多少有害胎儿的外部环境，给胎儿的压力就减少多少，这也是传统胎教的基本理念，现代医学中也证明了这一点。

12 周前禁止服药

教育上讲要因材施教，胎教也是如此。为了进行正确的胎教，首先要全面了解子宫内成长的胎儿。为此，不仅是孕妇，丈夫也要一起学习。胎儿模样如何、经历何种成长过程、胎儿成长的子宫如何、胎儿受何种压力困扰等，有关胎儿所有的一切都要事先学习，之后才能开始真正的胎教。

女性的卵子和男性的精子相遇的地方在子宫上方两侧呈喇叭状延伸的输卵管中。它们在输卵管中受精，受精成功的卵子叫做"受精卵"。受精卵沿着精子来时的路慢慢地向下移动，在子宫内膜着床。所谓"胎儿"时期一般指的不是我们所认为的受精之后。受精后 3~8 周不能叫做胎儿，而应该叫做"胎芽"，受精 9 周之后到生产之前这个阶段才叫做胎儿。

胎芽和胎儿的时期区分在胎教中极具意义。这是因为一般情况下，受精后开始至 12 周初，将来形成心脏、肝肺、大脑等的原始细胞已经出现，此后已经形成的器官开始再次发育。

如果知道每个月胎儿的成长过程，孕妇就不必再对 12 周之后服用的几颗感冒药、几天抗生素产生恐惧心理。大部分的药物对孕妇的影响时期都在妊娠 12 周之前，也就是胎芽时期。胎儿时期其身体的各个部位都已经发育，微量的药物、环境和放射线等刺激几乎不会对其产生影响。当然，如果长期服用大量药物会产生长期的外形、功能损伤，但是与怀孕初期，即胎芽时期相比影响甚微。如果孕妇和家人对此一无所知，那么对胎儿的担心和恐惧只会与日俱增，最终导致孕妇压力增大，甚至会影响到胎儿。

因此，孕妇们尤其需要注意怀孕 12 周之前的药物服用和外部环境。80% 的自然流产都发生在妊娠 12 周之内，因此这个时期的胎教不仅要注重精神层面，还要注意不要给孕妇施加身体负担，提倡注重休息和安静。当然，此时丈夫的帮助是必不可少的，不要向需要身体安定的妻子要求性生活。丈夫们，可以在脑海中勾勒出胎儿的模样，一起施行胎教。只有充分预习，才能取得好成绩，胎教也是如此。

胎儿也有五感

人类有五种感知。眼观事物的视觉、耳听声音的听觉、舌尝味道的味觉、鼻闻气味的嗅觉和皮肤感知的触觉，它们统称为"五感"，这些感觉都会传达到大脑中。

那么胎儿也能感知这几种感觉吗？答案是肯定的。但研究表明，胎儿的五感并不是从一受精就开始形成的，而是从大脑细胞开始组织化的 24~26 周之后才有的。这是在仔细观察胎儿对各种外部环境的敏感反应的基础上得到的结果。值得一提的是，胎儿的感觉和孕妇的感觉有所差别。胎儿只能直接感知到五感中的视觉、听觉、味觉、嗅觉四感，触感只能间接感知。一般来说，视觉和听觉发育得稍快，味觉和嗅觉需要等到妊娠第六个月时才能被感知。

给孩子的礼物——阳光

这里笔者想聊一下圣经中提及到的胎教，笔者并不是想宣扬某种宗教，而是想说明母体和胎儿在情感上的互通。

当圣母玛丽亚去拜访怀孕的伊丽莎白时，一站到她家门前，伊丽莎白就感到腹中的胎儿在跳跃，从而感慨万千。"你问安的声音一入我的耳朵，我腹中的胎儿就欢喜跳跃"，这段话形象地说明了母体与胎儿情感上的互通。

某大学的妇产科有位女教授是一名虔诚的基督信徒，儿子从胎儿时期开始就接受信仰，有一天上小学的儿子对她说："妈妈，我出生的时候好像看到了耀眼的光芒。就像是某种很亮的东西进入了我的身体牵引着我一样。"女教授认为这个故事并不是一个孩子能编造出来的，所以她认为儿子看到了上帝。不管怎么说，从宗教角度来体会这件事可能会很神秘，但是笔者认为孩子感到的那种"耀眼的光芒"可能是分娩时强烈的手术灯光，就像即使我们闭上了双眼也能感到一点光亮一样，胎儿也能在子宫中区分黑夜和白天。

再重新审视这个故事，笔者想说，在我们生活的这个时代中所用的现代分娩方法真的对胎儿有利吗？法国的 Levoyer 博士、美国的 Janov 博士等一些学者对现代医院的分娩方法提出了一些忠告。医院的分娩室和手术室一样，都配备了叫做"无影灯"的手术用灯，这种灯是为了实施手术的医生和护士所设，光线非常刺眼，对出生的胎儿产生很不利的影响。Levoyer 博士指出，对于适应黑暗的胎儿来说，分娩时太过明亮的光线可能会诱发病症，对视觉神经也是一种伤害。细细想想，刚呱呱坠地的新生儿之所以啼哭虽然主要是为了吐出肺中的羊水，但可能还会有其他的原因，例如出生后和医生的第一次皮肤接触，还有上述提及的强烈光线刺激等。

那么该给子宫中的胎儿提供什么样的光线呢？比起强烈的光线，温和的光线更好，比起人工灯光，自然光更佳。还有一种方法，就是让胎儿自己培养对光的感知力。不要总是待在家里，时常出去散散步吧！偶尔去那些反射耀眼阳光的江边走走，如果能够再来个森林浴就再好不过了。沐浴在温暖明亮的阳光下，幸福地依偎在丈夫身边，这是多么美妙的胎教啊！为了让胎儿适应以后的世界，将阳光送给孩子做礼物吧！

胎儿也有不喜欢的声音

让我们来看看胎儿的运动和感觉器官。

就像之前所提及的,妊娠 11 周之前应该叫做"胎芽"而不是"胎儿"。怀孕 10 周的胎芽已经可以移动上半身,12 周时开始自由地胎动。如果在此期间给胎儿以轻微的刺激,它就会有缩手指头、张嘴、眯缝眼睛等反应。怀孕 4 个月的时候胎儿可以完全握拳、咕咚咕咚喝羊水,特别是呼吸器官迅速发育。怀孕 6 个月时胎儿能像新生儿一样吮吸手指头,我们把这种现象叫做"觅食反应"。上述所有的动作都可以通过超声波检查看到。

与运动功能的发育同步,胎儿的感知功能也在惊人发育。耳朵开始一点点形成,怀孕 5 个月时形成传达声音的内耳,从第 6 个月开始就可以听到外界的声音了。

那么声音是如何传达给胎儿的呢?推测认为,和成人一样,胎儿感知外界声音的途径有两种，即听觉和振动。听觉是外界声音通过耳朵被听到，振动是声音通过振动传达到大脑。医学界也在探索声音是如何传达给胎儿的，然而实际上，正式的相关研究一篇也没有。

笔者曾经对胎儿如何听到声音做了一些相关调查，给怀孕18~39周的孕妇们听一些声音，观察胎儿是通过何种途径感知的。结果显示，胎儿和成人一样通过听觉和振动两种途径感知声音。只是，足月时听觉比振动稍具优势。

那么，胎儿能区分不同的声音吗？儿科医生曾经作过如下研究，为还有一个月生产的十名健康孕妇准备了两种声音，一种是悦耳的钟声，另一种是有些喧闹的闹铃声，让她们每天都抽出固定时间播放给胎儿听。每次播放的时候都测定胎儿的心脏搏动，测试表明，胎儿的反应会随着声音的不同而变化。待孩子出生后再给他们播放相同的声音，观察他们的反应，新生儿的心脏搏动变化和在腹中时的一样，对动物的实验也得到了相同的结果。可见，新生儿在出生后，仍然记得胎儿时期曾经听到的声音。

5~6个月之后，胎儿便能听到所有的声音，并且具备了区分声音的能力。能听到声音代表着胎儿大脑在发挥作用，能区分声音意味着胎儿记忆功能在发育。所以，胎儿能记住妈妈的声音是理所当然的，而且他们不仅能记住妈妈的声音，还能区分所有喧闹声、不快声、噪声等。

我们的传统胎教一直强调孕妇们不可以去喧闹的场所，在喧闹的场所中无法正确地胎教，胎儿会受到喧闹的影响，这一点我们现在仍然要坚持。

噪声会影响胎儿的呼吸

浸在羊水中的胎儿会呼吸吗？答案是肯定的。有研究表明，胎儿从怀孕 11 周起就开始呼吸了，到怀孕 4 个月时胎儿的呼吸器官已成为羊水的主要输送途径，妇产科医生们通过这一点来判断胎儿的呼吸功能是否健康，当出现羊水过少或者羊水太多时第一个检查的就是胎儿的肺部。

当胎儿待在妈妈子宫里面的时候，肺泡中一直充满着羊水。孩子一降生便发出第一声啼哭，肺泡便开始和空气接触。出生后，肺泡的表面要充分扩张才能顺利呼吸，所以维持表面张力（维持表面平滑的力）的相关物质相当重要。如果没有这种物质，胎儿即使出生了也无法正常呼吸。需要注意的是，即使只有"噪声"压力，也能诱发这种情况。

大部分孕妇都不知道自己身处的外界环境是否会引起胎儿

呼吸的变化，事实上胎儿对外界影响是相当敏感的，仅仅是噪声就会让胎儿无法正常呼吸。如果是喧闹声，胎儿呼吸甚至会暂停。虽然我们还不清楚胎儿的呼吸为何会停止，但是可以认为这是胎儿的一种警戒反应。

据有关研究表明，声音越高越长，对胎儿呼吸的影响就越坏。长期在这种环境下生长的胎儿在出生后肺泡是无法完全展开的，这是为了避免喧闹声而作出的身体反应。

传统胎教劝导孕妇要待在安静的环境中是有科学道理的。孕妇一定要避开嘈杂的环境，虽然不知道多久多大的声音会影响胎儿的呼吸，但是大多数医学学者一致认为这是对胎儿有害的，所以这一点请孕妇们一定切记。

只有周边环境安静了，胎儿的所有身体组织才能健康发育。如果期待孩子在出生时那一声洪亮的啼哭，那么身边的人们一定要为孕妇创造一个安静的环境。不要在孕妇面前吵架、喧哗，这是我们为了孩子所能做的一种胎教。

喧闹的子宫

    子宫内是安静的还是喧闹呢？都有什么声音呢？为了解开这些谜团，美国佛罗里达医科大学妇产科的 Gerhardt 博士用怀孕的羊做了一个实验。在临产的母羊子宫内植入特制的微型麦克，录下了母羊的心脏搏动声、大肠蠕动声以及子宫内外多种噪声。实验用的羊共有 7 只，虽然录下的内容略有差异，但是都包含这些声音。与此同时，博士还观察了子宫内部是如何听到子宫外部声音的。结果显示，当外界声音的振幅在 200 赫兹以下时，宫内听到的声音在 90~100 分贝；当外界声音超过 200 赫兹时，宫内听到的声音约为 50 分贝，反而减弱了。通过此项研究结果可以推测出两点：第一，子宫内的确存在着各种噪声；第二，外界振幅小的声音比振幅大的声音更易传达到子宫内部。

    在临产孕妇身上也做了相同的实验，以羊水破裂后为了安全而住院生产的孕妇为研究对象，研究结果与上面的结果非常相似。无论外界怎么安静，胎儿在子宫内还是能听到一些声音。当孕妇饿的时候，肚子会咕噜噜地叫，孕妇怦怦怦的心跳声也会 24 小时不间断地传达给胎儿。通过听诊器听这些声音，感觉比想象中的还要嘈杂。

妈妈体内的所有声音都会百分百地传达给胎儿。子宫和妈妈的心脏等器官互通或者相近，对胎儿来说，就像戴了听诊器一样将各种声音放大。幸亏因为羊水的作用让这些声音多少弱化了一些。除了妈妈体内的声音，胎儿还能听到自己的心脏搏动声、胎动声。子宫内部产生的种种声音由于没有方法外散，都如实地传达给了胎儿。

孩子在 10 个月中听到的最多的就是妈妈的声音，周围越安静，妈妈的声音就会越好地传达。对胎儿说话的时候，一定要尽量将不必要的声音隔离开来。传统胎教中一直强调安静隐逸的环境也是因为这个原因。

保护胎儿的听力

有种现象叫做"环境性弱听"，指的是在嘈杂的环境下长期工作的劳动者会出现听力障碍。

那么怀孕期间长期暴露在喧闹之下的胎儿又会怎样呢？美国佛罗里达医科大学的理查德教授就胎儿对各种声音的反应进行了研究。结果显示，外界的各种声音都会传达到子宫内部，胎儿对这些声音留有记忆。同时指出，外界声音过大会对胎儿产生不好的影响。这间接证明了胎儿在出生前就能认知声音，理查德教授将这种现象定义为"胎儿刻印"。

如果了解一下日常生活中各个场所的平均音值，就会发现安静的办公室内的音值大约为40分贝，日常对话约为60分贝，50厘米左右距离的电话铃声约为70分贝，公车内约为80分贝，地铁内约为100分贝，雷鸣声约为120分贝。如果声音超过140分贝时耳朵就会觉得痛。

当妈妈的日常对话达到 60 分贝的时候，胎儿就会暴露在 80~90 分贝的声音之中。如果妈妈乘坐地铁的时候和旁边的人说话，那么孩子大约会听到 160 分贝的声音，这种音量连成年人都会觉得耳朵发痛。

如果孕妇从事大声说话的工作，应当立刻停止。因为子宫会将妈妈的声音增幅传达给胎儿。如果夫妇经常吵架，那么胎儿不仅会有情绪问题，还会产生听觉神经障碍，这正是因为经常听到很大的噪声的缘故。值得庆幸的是子宫里面的羊水多多少少降低了音量，但如果噪声再强一些，羊水也无济于事。

如果胎儿只是暂时暴露在噪声之下并没什么大问题，但如果孕妇长时间在嘈杂环境下工作，那么胎儿极有可能在出生时伴有各种并发症，其中最具代表性的就是胎儿发育不全或者弱听。弱听会严重影响日常生活。所以，建议孕妇在怀孕时避开这种工作环境。

胎儿能接受的噪声上限值到底是多少现在还没有定论，但可以确定的是，噪声包括震耳欲聋的音乐声、破坏音、其他让人不快的噪声等，会对胎儿的听力产生不利的影响，在孕妇面前大声喧哗的人就算定他一个"胎儿弱听诱发罪"也不足为过。传统胎教《七胎道》中有关于"风入松"的章节，理由正是如此。如果可能，孕妇尽量不要去喧闹的地方，就算不能聆听风吹松树之声，也不要忘记即使孕妇静处时胎儿也会在喧闹的子宫内饱受辛苦。

安静的周边环境是
胎教的前提

"**声**音刺激实验"是通过胎儿的听觉来观察其健康状态，也就是观察受到音响刺激后胎儿的心脏搏动如何变化。有羊水过少症状的孕妇尤其要注意并接受此项检查。

美国加利福尼亚—圣弗朗西斯科大学（UCSF）通过观察声音刺激实验的超声波图像发现，胎儿在吞食羊水。当孕妇腹部传来的声音为 75 分贝、5 秒一次时，羊水被胎儿吸收后并没有被吐出来，羊水量不断减少。

子宫外部的噪声和子宫内部羊水的量看似毫无瓜葛，实际上关系非常密切。羊水作为帮助胎儿发育的基本要素，其作用十分重要。在确认胎儿是否健康的检查中，有一项叫做"胎儿生物学系数检查"，主要是通过彩超判断胎儿的健康状态，判定标准中最重要的就是羊水量。测定羊水量有多种方法，现在大部分依靠彩超。

噪声不但不利于孕妇，还会产生慢性压力进而影响到胎儿。许多报告表明，饱受慢性压力折磨的孕妇大部分会产下不足重的孩子。不仅如此，还会引发各种高危妊娠，例如妊娠中毒症、流产和早产等。高危妊娠增加的原因与羊水量有着密切关系，压力会减少羊水量从而阻碍胎儿的发育。并且羊水越少，对外界噪声的防护效果就越差。

噪声最终对妈妈和孩子有百害而无一利，只会对怀孕产生不利的影响。不能轻视噪声的理由正是如此。

胎教要在没有噪声的环境下进行，所以，无论如何强调胎教需要无噪声环境都不过分。

孕妇吃什么胎儿就吸收什么

这部分内容让我们来了解一下胎儿的味觉。胎儿在子宫里无法直接吃东西，只能间接通过妈妈摄取的食物来感受味道。

如何知道孩子有味觉呢？味道又是以何种方式传达给胎儿的呢？味道会对胎儿产生什么样的影响呢？对诸如此类问题的多种研究始终没有间断过。

美国爱荷华医科大学的罗宾森博士将食盐水、奎宁、母羊奶、糖水等四种无害物质注入妊娠羊的子宫内，观察小羊的反应。小羊对食盐水和糖水无任何反应，但对奎宁和母羊奶呈现出不同反应。对味道稍苦的药物奎宁的反应是心跳加快，对羊奶的反应是心跳减慢，这可能是因为羊奶中蕴含可以让小羊安定的某种成分吧！

除此之外，美国、英国、以色列等国家都做过一项研究，即给孕妇服用一定量的葡萄糖后胎儿的心跳会加快。韩国国内学者们也证实，如果孕妇摄入葡萄糖，不仅母体和胎儿的心跳加快，连胎动次数也会增加。

如果妈妈摄取葡萄糖，睡着的胎儿会为了获得必要的养分而醒过来。这是因为味觉是大脑对味道分子结构做出的判断，虽然不能直接吃到，但可以通过感知随着妈妈血液流动的葡萄糖来增加心跳和胎动。这也是胎儿具有出色感知能力的强有力证明，一部分学者主张这种能力是味觉和嗅觉统一的结果。

《七胎道》中有关于"暗香"的描述。为了更好地进行胎教，建议闻梅花或者兰草那隐隐的香气，从科学的角度来解释就是环境比什么都重要。

《胎教新记》中对孕妇的指导则更加具体。例如，不能吃模样难看、被虫子啃食、腐烂、未熟透的水果，不能吃馊饭、不新鲜的海鲜、色味怪异的食物、半生不熟的食物、零食，不能吃肉多于吃饭。

干净美味的食物有利于健康，不洁的食物会诱发疾病，这个道理连小学生都明白。孕妇的营养摄取甚至关系到流产、早产以及畸形儿。营养成分中一定要注意对一种维生素——叶酸的摄取。叶酸对胎儿的智能发育影响甚大，有研究表明：妊娠期间如果缺乏叶酸，孩子出生后 3~4 岁时 IQ 会比平均值低3.7。

妈妈吸入的氧气和食物一样重要。通过妈妈的呼吸系统吸入的东西，孩子会全盘摄取。有些女性工作的环境恶劣，空气中重金属钠的含量过高，这种不利于胎儿妈妈生存的环境会对胎儿产生莫大的影响，好的环境无疑有利于胎儿的健康成长。

胎儿能感知疼痛

前面已经提到过，胎儿从怀孕 24 周、即 6 个月之后就可以听到声音、区分昼夜，也就是已经具备了看和听的能力，大脑表层、大脑皮质开始出现褶皱，经过这个时期胎儿就可以直接地、间接地感知五感。

既然胎儿具有感知能力，那么，胎儿也能感觉得到疼痛吗？此前，有人讨论过人工流产过程中胎儿是否会感到痛这个问题。人工流产是由父母决定进行的，与胎儿的意识毫无关系。关于人流手术时胎儿感知疼痛的研究主要以孕 24 周的胎儿为研究对象，因为此时发挥感知作用的大脑皮质已经形成。

对于人流手术过程中胎儿是否会出现疼痛这个问题并无否定意见，因为胎儿的皮肤中感知疼痛的神经末梢已经形成，关键问题是胎儿是否会感到这种疼痛。主张胎儿能感知疼痛的一方认为，怀孕 26~34 周期间，胎儿的感知疼痛的神经回路已经形成，因而对出现的疼痛会有感觉。此外，通过对胎儿脐带血的检查发现，某种内啡肽激素增加，这是一种有镇痛效果的激素，当身体感到疼痛的时候会自动分泌，胎儿体内该激素的增加说明胎儿感觉得到疼痛。正因为胎儿也能感知疼痛，所以这些人主张在人流手术时不仅要对孕妇进行麻醉，还要连同胎儿一起麻醉。

然而持反对意见的学者们主张，虽然疼痛会出现，但是因为没有证据证明胎儿具有意识，所以胎儿无法直接感知。

无论是认为胎儿能感知疼痛还是不能感知疼痛，争论的双方都首先承认一个共同的事实——疼痛是存在的。

笔者认为，胎儿感受的疼痛比孕妇还要大。接受人流手术的孕妇不仅是肉体上的疼痛，同时还经历着悲伤、不安等心理折磨，这种身体和情绪的变化影响着体内激素的分泌，并原封不动地传达给孩子。即使胎儿感觉不到疼痛，也会和妈妈一起体验到身体与精神上所有与苦痛有关的变化。

荷兰的 Meaney 博士是研究怀孕期间的压力和出生后发育障碍之间的相关性的先驱者。她的研究持续了 20 余年，通过动物实验得到以下结论：如果对怀孕中的雌性施加压力，那么幼崽出生之后会引发持续的行动障碍。这个研究结果于 2007 年由英国南安普顿大学的 Johns 教授小组再次证明：如果怀孕期间情绪上受到压力，那么孕妇的血压会升高，不仅有产下不足重婴儿的危险，还会引起胎儿的发育障碍。这就是为什么不能给孕妇身心压力的依据，也是需要社会性胎教的另一个理由。

胎儿能感知到疼痛，妈妈疼，孩子会更疼。为了让胎儿平安健康地长大，需要一个不给孕妇压力的温暖社会，而对于现在的我们来说，这条路还很漫长。

胎儿也有记忆力

胎儿能记住多少东西呢？笔者认为，即使说他们能记住所有的东西都不为过。只是就像成年人也会因人而异一样，胎儿们的记忆力也千差万别。相关研究发现，怀孕 7 个月之后，胎儿的记忆力快速发育。

在心理学领域中有一门叫做"胎生心理学"，顾名思义，就是研究胎儿时期的记忆对心理的影响。

法国在治疗自闭症儿童患者的过程中，有医生偶然用英语交谈而孩子竟能听懂的例子。用英语交流时，一直没有反应的孩子居然做出了回答。当然这个孩子从来没有学过英语。调查结果显示：孩子的妈妈怀孕时在贸易公司工作，每天只使用英语。

类似事例时有发生。主要集中在音乐和语言领域，有些事例让人惊讶不已。例如，孩子可以将出生后一次都没有听过的小提琴曲准确地哼唱出来。这是因为孩子出生前妈妈经常听这种音乐的缘故。

许多人对此持怀疑态度，认为这根本不可能，只是凑巧而已。然而从科学角度来讲，这并不是什么值得惊讶的事情，我们只是将子宫内外想得太不一样了。例如，如果孩子在怀孕7个月时出生，那么他1个月的时候相当于其他胎儿在子宫内的8个月，我们理所当然地认为这个孩子能听到声音，却不会认为子宫内8个月的孩子也能，只因为我们固执地认为他们在子宫里。假设孩子在怀孕7个月时出生，此后3个月的时间每天都听妈妈喜欢的小提琴曲，如果这个孩子以后会哼唱小提琴曲，妈妈并不会太惊讶，因为孩子出生后分明听过这个曲子。

有资料科学地证明：胎儿在子宫内倾听着所有声音。这个资料已经在我们的妇产科教材中被详细解释。这种现象事实上与"胎生心理学"是一致的，现代妇产科学已经对其详加说明。

胎儿记忆着所有事情。胎儿在子宫内就已经是一个完全的个体。传统胎教就是在这个概念的基础上发展起来的。孕妇的所见所感就是胎儿的所见所感。对只相信双眼所见的现代人来说，传统胎教中的许多方面都对我们有所启示。

胎儿记忆中妈妈的子宫

前面几次提及到胎儿在出生后都会记得在子宫内所听到的声音。爱沙尼亚塔鲁大学医院小儿科的 Varendi 教授还证明了胎儿在子宫内不仅能记住听过的声音，还能记住闻过的味道。

Varendi 教授事先抽取了孕妇的羊水，生产后将其涂在产妇一侧乳头上，观察孩子会愿意选择哪一侧乳房吸吮。考虑到新生儿身上留有羊水会影响结果，所以在实验中有的婴儿被洗干净羊水，有的婴儿不洗。结果表明，被洗干净羊水的 30 名新生儿中，有 23 名选择了涂有羊水的一侧乳头，没有洗净羊水的 30 名新生儿中有 27 名选择了涂有羊水的一侧乳头。实验结果说明：77% 的新生儿都记得羊水的味道，与有没有清洗身体无关。Varendi 教授称之为子宫内的"嗅觉学习效果"。

上述研究结果支持了胎儿能记住在子宫内闻过的羊水味道的论点，即胎儿具有嗅觉功能，从医学角度来说就是将信息传达至胎儿大脑的神经细胞中，嗅觉神经细胞在发挥作用。

以刚出生的小牛犊、小狗甚至是老鼠为对象做了类似实验，不仅是母亲的羊水，新生儿对胎儿时期曾经闻过的气味和味道都能有100%记忆。因此新生儿出生后能记住妈妈特有的体味是理所当然的，并不是什么奇异现象。

令人惋惜的是，胎儿那令人惊叹的嗅觉能力在出生后一周左右之后渐渐消失，只保留极少的一部分。而哺乳类中的狗、猫、山羊等动物在出生后却不会丧失此功能，嗅觉能力是人类的300~500倍。唯独人类的嗅觉在弱化，这大概是神为了让头脑能力极大化而索取的代价吧！因此没有必要为此而闷闷不乐。

如果为新生儿营造一个和子宫内相似的环境，就会使其身心安定，促进其正常发育。这是因为孩子能记住子宫内的一切。连子宫内的味道都能记住的胎儿又怎么会记不住妈妈的心跳、声音和外界传来的声音呢？请铭记孩子会原封不动地记忆妈妈的子宫内环境。

第3章

孩子的IQ在妈妈腹中已被决定

- 脑细胞的70%在胎儿时期生成
- 胎盘是第三大脑
- 胎内环境决定宝宝的IQ
- 压力影响胎儿大脑发育
※ 父母亲切的声音会创造奇迹
- 妈妈的声音塑造聪明的宝宝
- 自然分娩的孩子智商高
- 调节胎儿大脑发育的肾上腺
※ 妈妈睡觉的时候孩子的大脑也在发育

脑细胞的 70% 在
胎儿时期生成

前面提到过有多人抱着望子成龙的愿望才进行胎教，虽然不能将胎教的目标放在培养学习型孩子上面，但实际上所有孕妇无一例外地关心胎儿的大脑发育情况。

对胎儿和胎教来说，大脑无疑是最重要的部分。所谓胎教是指胎中的教育，必须先有大脑才能有教育一说。如果关心胎儿的大脑发育，就必须要了解以下几项基本内容。

分子生物学者们认为，精子和卵子相遇瞬间所存入的信息量相当于 17 套大英百科辞典所包含的信息量。一套大英百科辞典为 26 本书，17 套大英百科辞典合计 442 本，可以想象所包含的信息量是多么惊人的量。胎芽时期以这海量的信息为基础，身体的各个器官形成并适度发育。这其中有成长速度相对快的，就是胎儿的大脑和肾上腺。关于肾上腺我们会在后面进行讨论，在此首先让我们了解一下大脑。

成人的大脑重量只有自身体重的 2%~3%。胎儿的大脑则超过自身体重的 10%。成人的大部分脑细胞处于细胞分裂完成状态，而胎儿大脑中的细胞分裂正在活跃地进行。胎儿大脑的形态和功能会随着时间的推移发生急剧变化。所以，在怀孕期间一定要避免阻碍胎儿大脑发育的事情发生。

美国的神经解剖学教授 Gallen 博士通过对胎儿大脑构造的观察发现，到怀孕 24 周时，胎儿原本平滑的大脑表层开始出现褶皱。他将从怀孕 20 周开始到临产之前每隔两周就发生一次变化的脑皮层扫描结果放在妇产科教材中进行介绍。在此基础上进行研究，到后来只通过脑皮层模样就能判断出怀孕周数。

大脑表面，即大脑皮质开始出现褶皱意味着脑细胞正在快速发育。这个时期大约有 5 000 万个脑细胞生成，由于头盖骨大小有限才使大脑皮质出现褶皱。如果可以将怀孕末期胎儿的大脑皮质展开，面积大约为一张报纸大小。人类的脑细胞约有 140 亿个，其中 70%是在胎芽时期形成的，也就是说新生儿出生时就拥有 100 亿左右的脑细胞。

怀孕 6 个月后，胎儿的大脑开始组织化。脑细胞不能单独发挥作用，必须彼此相连形成神经回路，英文叫做"synapse"。此时大脑要完成发育，所以妈妈必须向胎儿提供充分的氧气和均衡的营养。营养学家们建议，为了帮助胎儿的头脑发育，孕妇要多吃富含蛋白质的食物。大脑发育所必需的 DHA 不会在体内生成，必须由外界不断提供。此外，深吸一口新鲜的空气、做做适当的运动，都是非常值得提倡的行为。

新生儿的头脑发育跟身体接触有着非常密切的关系，因此有学者们建议孩子一出生就应该不断与之进行身体接触，所以在有的国家，刚出生的胎儿会被送到妈妈的怀中理由就是这一点。

让人惋惜的是，由于各种现实的制约，有些新生儿一出生就被送入婴儿室，和妈妈的肢体接触并不多，但我认为最起码也应该在把婴儿送入育婴室之前，让妈妈握一握孩子那软软的小手，就算是对孕妇和孩子的一点儿小小的关怀吧！

如果能让孩子从胎儿时期开始进行间接接触也是好的。夫妇间的肌肤接触，特别是丈夫爱抚妻子的腹部等行为都值得一试。这些方法不仅有助于胎儿的大脑发育，对孕妇的身心安定也大有益处。像这样，夫妇为了胎儿的大脑发育而共同努力，这也是怀孕中期典型的胎教方法。

请记住一点，只有在氧气和营养充足的环境中，只有在夫妇间的身体接触自然进行的前提下，胎儿的大脑才能更好地发育。我们的传统胎教反复强调孕妇周边环境绝不是一时兴起，而是我们的先祖在生活中所获得的宝贵的智慧财富。

胎盘是第三大脑

怀孕之后孕妇们就开始熟悉胎盘这个词。怀孕过程中胎盘起着至关重要的作用，可以毫不夸张地说，胎盘承担着妈妈和胎儿之间所有的交流，并且贯穿于怀孕的整个过程。此外，胎盘提供了胎儿生存所必需的物质，如血液以及血液所输送的氧气和养分等。

与此同时，胎盘还有一个重要的作用，那就是充当大脑的作用。胎盘负责储存和运输胎儿大脑发育所必需的多种激素和多巴胺等神经传输物质，因此有学者称胎盘为胎儿的第三大脑。第一大脑指的是胎儿自己的大脑，第二大脑指的是孕妇的大脑，第三大脑就是胎盘。

在怀孕6~8周前，一种叫做黄体酮的激素发挥着重要作用，黄体酮是由卵巢黄体分泌的一种天然孕激素，是维持妊娠所必需的。怀孕6~8周后胎盘也担当着黄体酮的角色，因此胎盘在余下的怀孕期间包揽了制造、分泌和储藏妊娠性激素和其他各种激素的任务。

胎儿的大脑在怀孕 24~28 周时快速发育。随着大脑的构造性发育，活跃大脑的各种因子，如激素、酶素和神经传输物质等也要随之增加。就好比没有了软件的支持，电脑也失去了它的作用一样，胎儿大脑中如果缺少了各种激素和神经传输物质就无法发挥其功用。因此，胎盘在妈妈和胎儿之间输送着各种激素、酶素和神经传输物质，担任着中转站和交流代谢的角色。对胎儿来讲，胎盘的功能等同于大脑。

正因为胎盘的重要作用，因此当胎盘出现退化时胎儿很容易患有神经方面的疾病。如果胎盘的血管硬化，胎儿就会慢性低氧，诱发智能缺陷和脑瘫。

那么如何做才能让胎盘维持在健康状态呢？首先要预防损害胎盘功能的低氧症发生，必须要防止与孕妇压力直接相关的血管发生抽缩。如果孕妇感受到压力，胎盘的血管就会自动收缩，流向胎儿的血液量也就将减少。与此同时，激素、酶素和神经传输物质等也自然随之减少。胎盘的功能丧失，这种现象叫做"胎盘功能不全症"。相关研究结果表明，胎盘功能不全症会诱发胎儿的精神障碍和部分功能低下。

因此要特别加以注意，让孕妇无负担地生活。孕妇自己的决心固然重要，但周围的环境更加重要。

《七胎道》中建议孕妇读书（写诗练字）、礼乐（听高雅音乐），细细回味这些教导就会发现其大部分目的在于为孕妇创造一个安稳的环境。按照这些教导，就会找回心灵的平静。

在科学解释胎教之前，不得不承认胎教本身蕴含着深奥的真理，让我们受益颇多。

胎内环境决定宝宝的 IQ

知道人类的智能发育过程中什么最重要吗？为了回答这个问题，笔者反复翻阅了众多学者的研究。

美国哈佛大学的 Herrnstein 和 Murray 博士于 1994 年出版的 《The Bell Curve》 中阐述了智能指数观点，即认为人的智商约有 80% 是遗传下来的。当时这本书在全世界范围内引起了轰动，一跃成为了当时的畅销书。但是不久之后世界权威杂志 《Nature》 登载了一篇推翻他们主张的论文。美国皮茨伯格大学的合作研究小组发表的这篇论文提出："比起遗传因素，子宫内的环境在决定人类智能方面更具影响力。"论文同时指出："遗传因素决定 IQ 的几率只有 48%，反而是子宫内的环境，即胎内环境对人类的智能起到决定性作用。"该项研究足足对 12 项相关其他研究进行了再分析，并在全世界范围内找了 5 万名孩子为对象进行论证，最终推翻了哈佛大学遗传因素决定

IQ 的研究结论。这项研究也多少改变了现在一些人对胎内环境重要性的否定看法。

皮茨伯格大学的研究小组认为，好的子宫内环境要素包括有充足的营养供给、平静的心情、隔断有害物质等。这与我们传统胎教中一贯主张的胎内环境无比相似，相当于《七胎道》中的第三道和第四道，《胎教新记》中也强调了孕妇平静的心情比什么都重要："孕妇生气，血液就会出现问题；孕妇害怕，胎儿的精神就会患疾；孕妇操心，胎儿的心理就会发生异常……"我们传统胎教中很多观点如今已经在全世界范围内得到了科学的证明。向胎儿提供充足的营养、让孕妇在无压力的环境下生活、将有害的环境隔离开来，这些早就在我们的传统胎教中被作为常识来介绍。

遗传因素非人力所能及，而环境只要通过努力人人都可以改变。所以，胎内环境决定宝宝的 IQ，这无疑会让更多准妈妈感到充满希望。为未来宝宝创造一个良好的胎内环境，这将有助于生出一个高智商的宝宝。

压力影响胎儿
大脑发育

经过前面的介绍，孕妇怀孕时的状态会对子宫内胎儿产生何种影响，相信大家都已经有了一个大概的认识。在现代社会中，对普通人和孕妇来说，最大的问题就是"压力"。压力并不是用一两句话就可以解释明白的。可以毫不夸张地说，迄今诊断发现的疾病中几乎没有一个不与压力有关。值得一提的是，胎儿的大脑发育也与压力有着密切的联系。

几乎人人都了解烟酒对胎儿的恶劣影响并加以注意，但是很少有人对孕妇的压力加以重视。事实上，压力比烟酒更可怕，甚至可以影响胎儿的大脑发育。

以色列希伯来医科大学的温斯托克教授的研究很清楚地解释了这一点。他做了一个实验，将怀孕的老鼠长时间置于喧闹的噪声下，向其施加压力。他发现，受到压力的老鼠生下的幼鼠对外界的刺激极端敏感，即使是很小的刺激也会坐立不安、极度恐惧。而没有受到压力的老鼠生下的幼鼠则与之相反。温斯托克教授为了分析其原因，观察了小老鼠的大脑组织，结果表明，受到压力的老鼠生下的幼鼠的脑垂体和肾上腺出现了过度反应。

肾上腺位于心脏上方，制造各种与刺激有关的压力激素，脑垂体则主管这些压力激素的分泌。脑垂体和肾上腺的过度反应正是意味着压力激素分泌过剩。

压力激素分泌过剩，胎儿的细胞分化就会减慢。胎儿时期，所有的组织细胞活跃地分裂并生长，特别是在大脑的发育过程中更是如此。压力激素会妨碍大脑的快速发育，最终压制胎儿的脑细胞生长，从而阻碍脑神经组织的发育，还会诱发神经精神障碍。在此项研究的基础上，温斯托克教授于2006年指出，孕妇怀孕期间的压力不仅会影响胎儿日后性格的形成，还与孩子集中力障碍及忧郁症的发生有着千丝万缕的联系。

在此基础上，一部分学者还发现，受慢性压力折磨的胎儿大脑中的DNA比正常胎儿要少。DNA不足就无法向大脑提供需要的能量，最后导致大脑停止发育。据调查，这样的胎儿在出生后大脑发育也相对迟缓，记忆力也比正常新生儿落后，免疫功能也相对低下。

孕妇们必须要铭记一件事：压力会阻碍胎儿的大脑发育。

笔者并不认为我们的先祖是因为了解了所有的细枝末节才强调胎教的，只是想告诉大家，孕妇的决心直接影响着胎儿，创造一个无压力的环境刻不容缓，大家要加以重视。

父母亲切的声音会创造奇迹

我曾经碰到过一位怀孕29周就因为早产痛而住院的患者，虽然给她注射了各种抑制子宫收缩的药物，但阴道口已经张开，所有的努力都付诸东流，她最后产下一个重1 200mg的婴儿。正常新生儿的体重至少在2 500mg以上，而这个婴儿连一半都没有达到。新生儿在降生之后还会流失一部分体内水分，所以体重还会稍有下降。所以，这个早产儿在被送入保温箱时体重仅为1 000mg，呼吸和其他活动也都出现弱化的征兆。刚产下婴儿的妈妈别提有多伤心了。

早产儿们即使后来达到了正常体重，但与正常出生的胎儿相比，诱发各种障碍的危险性也相对较高，最可怕的结果是出现脑瘫或其他智能缺陷。这些障碍发生在早产儿身上的几率竟然是足月儿的20倍。

当早产儿家属得知这样的消息时，其沮丧的表情难以言表。看着受苦的孩子，是继续救治还是就此放弃？一家人聚在一起商量来商量去也不知道到底如何是好。作为最后一棵救命稻草，笔者建议产妇和其丈夫将自己的声音录下来，播放给在保温箱里的宝宝。产妇夫妇很疑惑，笔者向他们解释，怀孕期间妈妈的声音有助于胎儿的大脑发育。子宫里面的胎儿在怀孕 24~26 周之后就能听到声音，因为他们的孩子在 29 周时就出生了，就等同于失去了倾听妈妈声音的机会，我们这么做是为了弥补这一点，为了孩子的大脑发育是值得一试的。了解了这种意图的夫妻二人不仅将自己的声音录了下来，还把平时听过的音乐录音带全都带了过来，将这些交给护士，让她一有时间就播放给保温箱里的婴儿听。

因为是第一次尝试，笔者也是持着半信半疑的态度，结果却大获成功。几天之后孩子的体重开始增加，其他的活动状态也明显好转，并且比其他孩子早了两周出院。

当然，仅凭此例并不足以证明父母的声音有助于保温箱里面的孩子的发育，与此相关的研究也少有耳闻，大部分的儿科教授们也摇着头说并未看到过类似的研究结果。

但是，让我们想想保温箱里面的环境。孩子身上戴着各种仪器，通过嘴上的插管定时喝牛奶。保温箱周围只有保持温度和湿度的仪器，听到的只是心电图监测仪器和人工呼吸器的转动声。如果不是早产，那么孩子完全可以听着父母慈爱的声音长大。所以给孩子听父母的声音是不会有害处的。无数研究认

为，妈妈的声音会在怀孕中后期对胎儿的大脑发育起决定性影响，在治疗过程中为什么不试一试呢？在以后早产儿身上，笔者还会用同样的方式给他们播放父母的声音，希望这样的努力能减少早产儿脑瘫和智能缺陷的发生。这项研究将会费时很久，但是笔者决心将研究进行到底。

经常给孩子听父母的声音吧，即使孩子是早产也不要放弃。如果将怀孕时期胎内的声音录下来也不失为一个好方法。父母温暖的声音对胎儿的大脑和身体发育是必不可少的，请牢记这一点。

妈妈的声音塑造
聪明的宝宝

即使新生儿无法睁开双眼，也会对妈妈的声音做出反应，这意味着孩子对胎儿时期曾经听到的妈妈的声音留有记忆。当然如果在腹中时经常听到爸爸的声音，同样会对爸爸的声音做出反应。胎儿在子宫里面的时候最常听到的声音就是妈妈的说话声和妈妈的心跳声。妈妈将哭泣的婴儿抱在胸前，孩子就会马上停止哭泣，就是因为胎儿在腹中时就一直听着妈妈的心跳声，当靠在妈妈胸前又听到这种熟悉的声音时会产生安全感。如果妈妈再轻声哼唱摇篮曲，孩子更容易恢复安静。

美国哥伦比亚大学的 Fifer 教授从 1994 年起就开始着手研究孕妇的声音对新生儿大脑功能组织化的作用。他认为，新生儿至少在出生后 2 日内就能区分出妈妈的声音。在子宫内的各种声音中，妈妈的声音最具优势，它反复刺激着胎儿的大脑，引起脑功能组织化。Fifer 教授在研究论文中提供了许多相关资料，充分地证明了这一点。Fifer 教授还对胎儿在听到妈妈的声音后其自律神经系统做出的反应做了调查，结果表明胎儿的心跳次数减少，这种反应主要在睡着的时候出现。胎儿睡觉时所受到的感觉刺激对大脑发育有着重要影响。

根据关于声音和胎儿大脑发育的其他研究表明，适当的刺激可以提高大脑的葡萄糖和氧气含量。葡萄糖和氧气是大脑组织发育不可缺少的要素。适当的声音刺激会对大脑发育产生何种影响，非常值得关注。

传统胎教《七胎道》中教导人们"美言"和"讲书"，"美言"指的是只听美丽高雅的言语；"讲书"指的是背诵先贤的名句。

请孕妇们试着不断地对子宫内的胎儿小声说话吧，叫他们的胎名或与其进行深情对话也可。即使经常处于安静状态下，在美妙声音中成长的胎儿大脑会得到更好的发育，请谨记这一点。

自然分娩的孩子
智商高

分娩环境和孩子的智能发育有什么关系呢？各国的教育学者们都认为，分娩环境会直接或者间接地影响孩子的智能发育，特别是婴幼儿时期的智能发育，因此提倡自然生产。丹麦等一些欧洲国家还提倡在家中分娩，虽然仍需要医生和护士的帮助，但家庭分娩已经列入政府政策之一。在欧洲，需要麻醉的无痛分娩几乎绝迹，自然分娩盛行。

根据 2001 年的统计，韩国的剖腹产率约占全部分娩的40.5%，2005 年占 37.5%，虽有减少的趋势，但在高危妊娠患者众多的大学医院中剖腹产率仍然占 50%~60%。而美国的剖腹产率约为 20%，欧洲的剖腹产率为 10%~15%。

韩国是以上这些国家的 2~3 倍。为什么会这样？我们需要认真地反省。孕妇和其家庭、社会以及医生都责无旁贷。虽然韩国妇产科学会为了降低剖腹产率进行了多方努力，如专门召开专题讨论会等，但效果并不显著。

就算是为了聪明的孩子和健康的产妇，也应该尽力营造一个自然分娩的氛围。

妇产科教材中举例说明了自然分娩的重要性，在以色列，以17岁青少年为对象，对自然分娩出生的29 136人和剖腹产出生的1 335人的智能指数做了调查，自然分娩出生的孩子比剖腹产出生的孩子高2点。

为什么自然分娩出生的孩子的智能更高呢？学者们认为这跟婴儿受到的皮肤刺激有关。自然分娩又叫做"阴道分娩"，孩子经过妈妈的宫颈和阴道出生。孩子在通过妈妈的产道的过程中，身体的所有组织，特别是皮肤会受到柔和的刺激，剖腹产省略了这一过程，孩子的身体组织和皮肤就受不到刺激。皮肤刺激有助于大脑的发育，这是经过众多学者证明了的。喝母乳长大的孩子更加聪明，不仅是因为母乳所蕴含的成分远远优于牛奶，还因为哺乳时孩子和妈妈之间的皮肤接触起了很大的作用。

当然，在某些特殊情况下，如胎位不正或者胎盘前置等情况，则一定要实施剖腹产手术，但绝不应该为了维持身材或者生辰八字而人为地选择分娩日进行剖腹产。

希望我们的孕妇能克服某些传统观念而选择自然分娩，也希望医疗界准备充分的资料来宣传自然分娩的必要性。俗话说有始有终，若想进行完美的胎教，就要竭尽全力坚持到怀孕的最后一刻，即胎儿出生为止。

调节胎儿大脑发育的
肾上腺

胎儿的身体器官中比较大的部分就是大脑和肾上腺。有关大脑发育的内容已在前面提及，这里主要对肾上腺进行说明。

肾上腺是位于心脏正上方的一个小小部分，负责分泌包含压力激素在内的各种调节代谢的激素。与此同时，肾上腺还有调节大脑发育的功能。

胎儿的肾上腺在体内所占的比重比成人要大。这是因为肾上腺作为调节胎儿代谢作用的中转站，需要掌管各种各样的事情，还负责将下达各种指令的身体脏器进行有机结合，包括孕妇的大脑和肾上腺、胎儿自己的大脑以及胎盘分泌的各种激素等。胎儿的肾上腺接收着体内各部分传来的信号，并自行分泌激素，还会反过来调节大脑分泌的激素，对胎儿的大脑发育起着至关重要的作用。

在婴儿出生之后肾上腺就会急剧变小，因为它已圆满完成了任务，又缩回到正常的大小。

因此，胎儿时期要特别注意让肾上腺积极发挥其应有的作用，要给予适当的刺激，既不要让其分泌过多的激素，也不要让其休息。

压力很容易让胎儿的肾上腺疲劳，疲劳积累到一定程度，肾上腺就无法正常工作，严重的话会引起大脑萎缩。

胎儿体内的每一个部分都很重要，但是对大脑和肾上腺这些只在胎儿时期较为庞大的脏器尤为注意。既然要做胎教，就要科学地进行，小小的知识会对胎儿的大脑发育起着重要的作用。

妈妈睡觉的时候孩子的大脑也在发育

如果孕妇在睡觉，而周围很嘈杂，这对胎儿不利。也许有人认为孕妇睡着了就无法听见声音，有些嘈杂没有什么关系，那就大错特错了。

腹中胎儿的自行移动从怀孕 10 周左右开始，而被动的移动从怀孕 7 周就已经开始。怀孕 20 周的时候会反复出现规律性的休息和活动。这种胎动一直持续到怀孕 32~36 周，之后会因为羊水相对减少而减少。

通过对健康胎儿一天的胎动次数的调查发现，怀孕 20 周时胎动次数约为每 12 小时 200 次，怀孕 32 周时增加到 575 次，到怀孕 40 周时减少为 282 次。妇产科将胎动作为判断胎儿在子宫内是否健康的标准，一般来说，怀孕中期的胎动要每小时 4 次以上才算是健康。因此怀孕中期以后要注意观察胎动，如果每小时不足 3 次最好去医院进行检查。

妇产科教材中记载着关于胎动的更科学的资料。荷兰的 Ni jhuis 博士以心脏搏动和眼球运动（包括胎动）为基准判断胎儿的活动性，结果发现，在怀孕中期以后，胎儿一天中的3/4都在"休息期"或者"活动性睡眠期"中度过，这与妈妈每天1/3左右的睡眠时间不同，胎儿的睡眠相当充分。

对胎儿来说，"活动性睡眠期"状态尤其重要。因为此时正在进行REM（Rapid Eye Movement）睡眠。所谓REM睡眠指的是睡觉时眼球的快速转动状态，虽然身体不活动，但是大脑仍然清醒活动。

在讨论学习效果的理论背景时常常会提及REM睡眠这个概念。生理学者们认为，在容易简单的学习之后REM睡眠并不明显变化，但是如果学习内容复杂生僻，那么REM睡眠的变化就会相当明显。也就是说，REM睡眠对长时间记忆有着重要影响。根据最新研究资料发现，如果妨碍了REM睡眠，那么背诵、记忆等的学习效果将大大降低。

胎儿即使在睡觉时大脑也会快速转动，收集并储藏外界信息。胎儿的大脑活动与胎教有着密切的联系。妈妈睡觉的时候胎儿的大脑仍在生长并接受着外界环境的影响。因此，即使产妇处于睡眠状态，也要嘱咐周围的人们安静些。

第4章

培养感情丰富的孩子的 EQ 胎教

- 孕妇情绪对胎儿产生重要影响
- 提高孩子智商的三种习惯
- 妈妈的情绪决定宝宝的 EQ
- 妈妈的一切都影响着胎儿
- 乐观地看待妊娠反应
- 过于担心流产更容易导致流产
- 妈妈喝的水也不容忽视
- 吸二手烟对胎儿的危害更大
- 为了孕妇请禁烟
- 胎教要如画水彩画般隽永

※ 最具人市主义的科学——胎教

孕妇情绪对胎儿
产生重要影响

乐观的情绪对孕妇的精神和身体健康都有着积极的影响，而悲观的情绪则会对孕妇自身产生消极的影响，无论是妇产科、精神科还是护理学界的专家都认同这个观点。

以习惯性流产为例，自然流产发生两三次以上就是习惯性流产，其发生的诱因很多，有免疫学或解剖学方面的，也有遗传学和内分泌学方面的。当然，有时也可能查不出是什么原因引发流产。像这种诱因不明的习惯性流产，占全世界习惯性流产总数的 30%~40%。笔者几年前做过一个调查，450 例流产中有 140 例诱因不明，占总数的 31.4%。

如果确定了习惯性流产的诱因，对症下药治愈的可能性为70%~80%。但是如果诱因不明则没有特别的治疗方法，只能先以抗生素、免疫球蛋白、阿司匹林等处方治疗。在这种情况下，治疗效果并不会太好，治愈率只有 40%~45%。

几年前美国以犹他大学的 Scott 教授为首的部分学者对习惯性流产患者实施了"TLC"（Tender Loving Care），即关爱治疗，以此作为治疗诱因不明型习惯性流产的方法。该方法劝患者保持心态平和，不断激励患者，使其相信自己终会康复，同时嘱托家人给予患者温暖、理解和鼓励。除此之外，不采取任何其他措施。结果 40%~60% 的患者克服了习惯性流产，产下了健康的婴儿。

澳洲的 Liddell 博士也宣称他以同样的方法治愈了 44 名诱因不明型习惯性流产患者中的 38 名，成功率为 86%。此项研究成果于 1991 年登载在大洋洲妇产科学学术杂志上，而此后相关论文陆续发表。如今，"TLC"已成为世界各国习惯性流产临床治疗中的必备疗法。

即使不做特别的治疗，只靠患者保持乐观的情绪和周围人的理解，对习惯性流产的治愈率高达 86%，这说明孕妇的情绪对怀孕后的影响是多么的巨大。患者的情绪对习惯性流产都会产生如此之大的情绪，那么在正常怀孕中也应注意这一点。如果为正常孕妇营造这种有"治疗效果"的情绪环境，那么将会达到事半功倍的效果。

情绪环境中，不仅是孕妇自己，丈夫、公婆和亲生父母等周围的其他人也担当着重要的作用。随着职业女性的增多，我们同样不能忽视职场环境。虽然不奢望完全能为孕妇营造一个良好的社会环境，但至少其周边的人应该对孕妇的胎教予以关爱和理解。在这种环境下出生的孩子才会茁壮成长，身心健康，懂得感恩。

提高孩子智商的三种习惯

妈妈幸福孩子才会幸福，同样，孕妇幸福胎儿才会幸福，因为孕妇和胎儿通过脐带紧密地联系在一起。而实际生活中，大多数孕妇并没有切身感受到这一点。

妈妈的幸福感影响着孩子的大脑发育。日本东京大学的大岛靖教授认为提高胎儿智能发展的方法首推"妈妈的幸福感"。这是因为如果孕妇幸福了，就会减少不利于大脑发育的压力激素的分泌。

除了孕妇的幸福感，提高胎儿智商的方法还有以下几种：

首先生活要有规律。胎儿可以区分明暗和昼夜，如果孕妇的生活不规律，胎儿的生活节奏也会被打乱。而如果孕妇生活有规律，胎儿也会有正常的生活周期，大脑发育就变得活跃。

其次要爱抚腹部。这是怀孕期间对胎儿进行皮肤刺激的最佳方法。这种皮肤刺激最终变成对大脑的刺激，从而促进大脑的发育。因新生儿降生后，妈妈仍要持续这种皮肤刺激，可以说皮肤是婴儿的第二大脑。孩子和妈妈的皮肤接触越多，其智商就会越高，幼儿教育者和英才教育专家也反复强调此事，足见其必要性。

那么，妈妈抚摸肚子会如何影响腹中的胎儿呢？为了回答这个问题，孕妇可以观察自己抚摸肚子时的超声波，会发现胎儿在吮吸自己的手指。胎儿受到外界刺激的影响，会自觉吮吸手指来刺激自己的皮肤。

从现在开始，孕妇们不仅自己要经常抚摸肚子，也要让爸爸们参与进来。但需要注意的是，太频繁、太用力的抚摸会造成子宫收缩，所以一定要适度。

可以想象，一位安详的孕妇静静地抚摸着自己的肚子，嘴角满是幸福的微笑，这是多美的场景啊，同时还能促进孩子的大脑发育。

一定要记住，妈妈幸福了孩子才会幸福。

妈妈的情绪决定
宝宝的 EQ

迄今为止检测人们智力能力的主要方法就是智商（IQ）测试。但是 IQ（Intelligence Quotient）检查只是检查智力的一个方面，对于评价一个人的全面能力略显不足。几年前，EQ（Emotion Quotient），即情商开始备受瞩目。如果说智商检测的是人的理性思考能力，那么情商评价的就是人的感性情绪能力。无法用 IQ 解释的各种疑问如今可以用 EQ 来解释。比如一个人 IQ 很高，但为什么学习不好？才思敏捷的才子为何在社会中寸步难行？这些问题都可以从 EQ 上寻找到答案。即使 IQ 再高、运动再好，如果无法用情绪很好地掌管这些才能，那么提高学习成绩或者成为优秀的运动选手也只是一句空谈。这就是为什么说学校里的优等生并不一定就是社会上的优等生。

我们可以看到许许多多这样的事例：EQ 高的人比 IQ 高的

人更能适应现实、更易获得成功。这里给大家讲一下有名的棉花糖实验：给一群四岁的孩子一些棉花糖饼干，告诉他们如果能谁忍耐 10 分钟以上不吃的话就奖励他一个纸袋，以此来判断孩子们的忍耐性。在 EQ 评价标准之一——"满足延迟能力"的测验中可以看到，坚持忍耐 10 分钟以上的孩子的 EQ 高于不能忍耐的孩子。区分开高 EQ 和低 EQ 的孩子之后，对他们 20 岁之前的生活进行跟踪观察，结果是高 EQ 的那些孩子的 STA（美国版高考）成绩高于平均成绩 200 分，和朋友的关系也很和睦，并且得到了教师和家长的积极评价。四岁时的 EQ 让 15~16 年后的生活发生了翻天覆地的变化。

首尔大学教育学院文龙麟教授将此项研究所说明的几项事实简要如下：第一，EQ 的特性从儿时起就开始显现。第二，儿时起 EQ 能力就各有不同。忍住不吃饼干耐心等待的孩子们可以闭上眼睛心无旁骛、冥思苦想、唱歌、祈祷。第三，EQ 在长大之后也不会有大的变化。第四，满足延迟能力越高，长大后的成就就越高。通过这些结果表明：为了游刃有余地进行社会生活，EQ 比 IQ 更重要。

那么如何提升 EQ 呢？如果孩子从胎儿时期开始就能提高 EQ 该有多好啊？这虽然不是一蹴而就的事情，然而多数学者都一致认为孕妇情绪对日后降生的孩子的 EQ 有着极大的影响。只有孕妇的心态平和、情绪稳定，胎儿的 EQ 才有可能提高。

妈妈的一切都
影响着胎儿

孕妇如果被极端不安的情绪所笼罩，子宫内的胎儿会受到什么样的影响呢？这里为大家引用一份调查报告来说明患有情绪障碍的孕妇对孩子造成的影响。

1988年，瑞典的 Nordstrom 博士在得到初次怀孕的孕妇们的同意后对她们孕前孕后进行了跟踪调查，结果发现：怀孕前患有忧郁症等精神问题的妈妈在产后分泌的乳汁较少，孩子在出生后一年期间也比其他孩子容易患病。同时与没有精神疾病的孕妇相比，这些孕妇更容易染上其他的并发症。为了解决这些问题，Nordstrom 博士提出了产前咨询和治疗建议。

1997年，新西兰的 Clissold 博士以 183 位孕妇为调查对象，详细调查了她们怀孕前后的生活习惯。结果显示，大部分的孕妇或得益于医生的建议或因为自己对怀孕这件事极为重视，都在自觉改变生活习惯，调整自己的生活方式向健康方向发展，例如，有的孕妇开始收集与怀孕有关的信息；有的曾经吸烟的孕妇开始戒烟，以此来恢复情绪安定；有严重偏食的孕妇也会为了胎儿注意均衡饮食。所有的事例都证明了一件事情，孕妇对胎儿都有着一份爱惜之心。

孕妇对怀孕了解得越清楚、想法越积极、对孩子越关心，就越能做好胎教。关心可以唤起对胎儿的爱惜之心，情绪上安定了才能进行正确的胎教。

在英文中，胎教也可以用"attachment"这个单词来表达，这个词含有依附的意思。怀孕初期，胎盘紧紧贴在子宫表面，将胎儿与母体紧密联系在一起，从这个意义上说，attachment 是一个最能表述孕妇和胎儿之间的肉体和精神关系的词。

胎儿在子宫中最常听到的就是妈妈的声音，甚至在出生之后也会受其影响。对于新生儿来说，能经常听到妈妈的心跳声，体重明显就会比其他的孩子增长得快。不论是身体方面还是精神方面，孕妇的一切都对孩子起着决定性影响。

古语说"讨厌谁孩子就像谁"，虽然这句话经常用于玩笑，但是孕妇应该对此话细加体会。我们的传统胎教中有这样的说法，"怀孕期间对坏事勿为、勿看、勿听。"这是《七胎道》的第四道中所记载的孕妇不能为的三件事。《胎教新记》中也有类似的内容。"怀孕十个月的时间里，身体已不再是自己的，非礼勿看、非礼勿听、非礼勿言、非礼勿动、非礼勿想，坚定决心，汲取知识，净化全身，端正行为，这才是养育腹中胎儿的正道。"古训对今日的孕妇们来说，同样言简意赅、受益无穷。

乐观地看待妊娠反应

笔者曾经碰到过这样一位孕妇，因为患有习惯性流产，所以在好不容易又怀孕后被家人送到医院保胎。有一天她发现自己的妊娠反应突然消失而担心得哭了。作为一个经历了多次流产痛苦的女人，如果怀孕症状之一的妊娠反应突然消失，首先不可避免地就会想到肚子里的孩子又保不住了。值得欣慰的是，通过超声波检查发现胎儿还很健康。

有些孕妇因为妊娠反应太强烈被折磨得死去活来，而像一些容易流产的孕妇又期待着妊娠反应，以证明肚子里的孩子好好的。这世界真是不公平，人与人的个体差异这么大。

怀孕期间的妊娠反应是一种极其自然的现象。出现妊娠反应的原因有很多，但主要是由胎盘分泌的妊娠激素引起的，再准确一点应该叫做"人绒毛膜促性腺激素"。一般来说，如果这种激素增加妊娠反应就严重，如果减少妊娠反应就减轻。所以，胎盘相对较大的双胞胎妊娠和胎盘组织非正常增生的葡萄胎情况下，妊娠反应会较为严重。

精神医学界中一些与妊娠反应相关的研究结果也很耐人寻味。在姐妹中往往妹妹的妊娠反应比姐姐的严重，缘于妹妹目睹了姐姐怀孕分娩时所经历的辛苦与阵痛，这种对怀孕的"疼痛性记忆"让其产生了排斥反应，最终出现了妊娠反应。妈妈妊娠反应严重的女儿怀孕反应也严重，这跟妈妈经常对女儿提起生她的经历有关，让她对怀孕感到恐惧，然后就容易出现"妊娠反应"这样的怀孕排斥反应。

当然，也有的孕妇不属于上述任何一种情形，但仍被强烈的妊娠反应所折磨。不管怎样，即便是勉强自己，孕妇们也应该快乐地看待妊娠反应。只有这样做，妊娠反应才会有所减轻。

多位专家曾指出，与快乐对待怀孕的孕妇相比，消极对待怀孕的孕妇的妊娠反应更强烈。

胎教要以快乐看待怀孕的心情为出发点，而不是简单地模仿别人的胎教方法，要按照自己的意愿积极地进行胎教，这样的胎教才会有更大的效果。

通过精神治疗来解除身体疾病，这在如今已不再是什么新鲜事，用积极乐观的心态来对待妊娠反应也将有助于身体不适应症状的减轻。让我们养成乐观思考、以积极的心态面对一切的习惯，这对以后怀孕预后也产生着极大的影响。这也是我们的传统胎教中不厌其烦所强调的。

过于担心流产更
容易导致流产

　　怀孕 20 周是一个非常重要的时期，因为此时开始感觉到胎动。在这个时期之前如果胎儿被排出子宫就叫做自然流产，过了这个时期，从临床上来说就脱离了自然流产的危险。此时的胎儿身长一般在 25cm、体重在 500g 左右，如果失去了未达到标准的胎儿也算作自然流产。在一部分欧洲国家，医生认为 28 周时胎儿的体重未达到 1 000g 的流产也属于自然流产。这是因为 28 周以后只有通过分娩胎儿才能适应子宫外的世界。美国医生也接受了此项标准，将来自然流产的标准有可能被更改。

　　对大部分孕妇来说，怀孕 20 周很快就会过去，但对经历过一次流产的孕妇来说，这段时间过得真是小心翼翼、忐忑不安，因为如果连续两次自然流产，就容易发展成习惯性流产，不利于以后的怀孕。

根据我们多年的工作经验和接触的病例来看，乐观地认为可以产下健康胎儿的孕妇比其他孕妇拥有更高的成功率，而因为担心再次流产而焦躁不安的孕妇实际上流产的情况更多。

2006 年，希腊英希大学的 Tsartsara 博士和 Johnson 博士以有过流产经历的女性和没有流产经历的女性为对象，观察她们怀孕初期的压力情况。结果表明：曾经流产过的孕妇的压力更高。经过劝导她们乐观思考之后，于怀孕末期测定的结果显示，两个群体的压力指标相似。

这些研究告诉我们，有过流产等经历会增加孕妇的压力，但是只要抱有乐观的想法就会减小压力，恢复到正常的怀孕状态。

流产或者死产都只属于过去，我们要感激并且快乐地看待现在的怀孕。幸福的心情始于爱惜胎儿的乐观想法。它战胜了流产的肉体疼痛，产下健康的婴儿。

偶尔会看到有些孕妇向周围的人隐瞒怀孕的事实，特别是在患有习惯性流产的孕妇中，这种情况更多，由于不断流产，所以不愿意告诉丈夫和婆家亲属自己怀孕了。我劝这些患者要积极地告知周围的人怀孕这件事，越是高危妊娠就越应该告诉周围的人，以便制定预防对策，这才是上上策。然而习惯性流产患者中有好多人向家人隐瞒了之后又再次流产，这种情况并不少见。担心流产反而更容易导致流产。

即使是正常的孕妇也有必要将怀孕的事实积极地告诉周围的人，这对自己和家人都有帮助，至少要让他们承认胎教的重要性，并提前做好准备。然而在我们周围，告知怀孕一般是能缓则缓，总感觉怀孕有点不好意思，好长时间将其视为秘密。但是，西方人的观念则不同，一旦确认怀孕就马上公布消息，和身边的人一起分享快乐。比如美国著名歌手麦当娜，理直气壮地高调宣布自己怀孕，即使那个时候还没有和孩子的爸爸成婚。毋庸置疑，光明正大的幸福对怀孕预后也具有积极的作用。麦当娜即使在怀孕期间也活跃在各种舞台上并参演了电影，最终生下一个健康可爱的宝宝。

东西方的这种观念差异源于社会氛围的不同，从这个方面来说，与西方的孩子相比，东方的孩子多少有点吃亏，这就像自动放弃了妊娠所带来的种种利益好处。只有告知怀孕的事实，别人才能保护孕妇。然而，就像前面所讲的，这所有的一切都需要一个承认并接受胎教必要性的社会环境。

孕妇越是乐观思考，安定子宫的黄体酮分泌得就越多。早产阵痛时，为了抑制子宫收缩而注入的药物——黄体酮也具有预防流产的作用。反之，对怀孕不安焦躁的孕妇们的黄体酮分泌就有所减少，并且由此引发的各种压力会导致身体反应出现，如肌肉收缩等。如果构成子宫的肌肉收缩，那么在里面成长的胎儿也会受到影响。过度的焦躁感、紧张、不安等，其中任何一个都可能导致流产。

荣升妈妈之后，就要对所有的事情持积极乐观的想法。乐观的思考方式不仅有利于情绪健康，还能对身体产生良好的影响，它会增加强力镇痛剂——天然"内啡肽"的生成，作用不可估量。这个事实已通过研究论文、著书、报纸、广播媒体等各种载体被广泛宣传，如今已从深奥难懂的科学变身为触手可及的常识存在。如果周围有人怀孕，让我们来祝贺她吧，与其一起分享这份快乐。我们的胎教就是要预防流产，产下身心健康的宝宝，而快乐看待怀孕正是胎教的根本所在。

妈妈喝的水也
不容忽视

日前曾在报纸上读到这样一篇报道：丈夫因为殴打抽烟的怀孕妻子而被拘留。虽然这篇报道就此事对怀孕期间孕妇绝对不能做的事情做了介绍，但这并不是说丈夫的暴力就可以正当化，与吸烟的妻子相比，丈夫的所作所为对胎儿的影响更为恶劣。

众所周知，怀孕期间抽烟、饮酒、吸毒等行为都会对胎儿产生极大的危害。虽然在我们的社会吸毒的情形比较少，然而在美国孕妇吸食可卡因、海洛因等毒品已成为一个严重的社会问题。

怀孕期间过多饮酒的孕妇所产下的婴儿会被各种各样的疾病所折磨，不仅身体发育缓慢，畸形儿的几率也很高，此外还会诱发"精神薄弱"等精神障碍。怀孕期间持续饮酒的孕妇所产下的宝宝还会出现其他症状，尤其脑部、脸部和四肢会出现异常，心脏血管缺损，成为未熟儿的危险性增加，出生后同样发育缓慢，并多患有运动障碍和智能障碍。

吸烟也是如此。香烟中大约含有 4 000 余种化学物质，其中 35 种为致癌物质。在吸烟孕妇的胎儿的血液中，可以发现数十种致癌物质。经过科学证明，怀孕期间在烟气缭绕下成长的胎儿，出生后其癌症发病率也会比别的孩子高。除此之外，较之不吸烟孕妇的胎儿，吸烟孕妇的胎儿不仅在体重上较轻，还会诱发各种并发症。吸烟产生的一氧化碳会减少氧气含量、收缩血管、减少胎盘含血量。并且吸烟会导致孕妇食欲下降，阻碍了怀孕期间的营养摄取。吸烟女性产下的孩子的智能指数也普遍偏低。

对于吸烟影响胎儿健康这件事人们早就加以重视并进行研究。根据 1997 年在美国新奥尔良召开的 "儿童青少年精神病医学会" 的相关发表统计，被诊断为注意力缺乏和行动障碍的 177 名孩子中，大多数孩子的妈妈都在怀孕期间吸烟。如果怀孕期间渐进地或者习惯性地吸烟饮酒，那么胎儿就会带着所有的不良影响降生到这个世界上。

那么咖啡可以吗？有的孕妇认为怀孕期间烟酒应绝对禁止，但咖啡应该是可以的，事实上这也是不可以的。最新研究结果表明，怀胎十月应尽量不喝咖啡为宜，咖啡中的咖啡因会产生多种副作用。不仅仅是咖啡，还有绿茶、红茶和可乐都不宜多喝。这些饮料中也同样含有咖啡因。

可能会有孕妇抗议："连绿茶都不让喝！是不是太过分

了。"下面介绍的事实，也许会改变她们的想法。

医学界认为，咖啡、茶和可乐之所以成为妨碍胎儿发育、导致流产和早产的原因，是因为它与"婴儿猝死综合征"有着密切的关系。新西兰以 2 000 余名产妇为对象，调查她们饮用含有咖啡因饮料的情况，结果表明：一天喝四杯以上含咖啡因饮料的孕妇中，产下的孩子因为婴儿猝死综合征而夭折的比例足足增加了两倍。其他研究小组还发现胎儿时期就被咖啡因侵蚀的新生儿在呼吸器官的成长发育方面不健全。如果摄取了咖啡因，那么胎儿的肺就无法正常发育。在这种情况下，婴儿猝死综合征相当于在出生之前就已经注定了。总之，孕妇要避开所有含有咖啡因的饮料，如果情况不得已最多只喝一杯。

孕妇的小小习惯可以决定孩子的生死，这个问题不容忽视。我们的传统胎教《七胎道》的第一道就警告孕妇不能无节制地摄取食物，是非常有道理并值得执行的。

吸二手烟对胎儿的危害更大

怀孕期间吸烟对胎儿不好，这是众所周知的事实。1997 年比利时那慕尔 Mont–Gauthier 医院的 Lawrence Galanthis 博士以在怀孕期间吸烟的女性产下的新生儿为调研对象，对他们血液中的尼古丁浓度进行了调查。结果显示，刚降生的新生儿血液中的尼古丁含量与吸烟的成人一样。这有力地证明了孕妇吸烟就等同于胎儿吸烟。与此同时，他还认为，在怀孕期间吸烟的女性产下的新生儿有可能在出生后几天发生戒断症状。还有资料显示，孕妇吸烟会妨碍孩子的学习能力和行为发育。根据美国一所大学以 400 名吸烟孕妇为对象进行的调查结果，吸烟孕妇的胎儿患癌的几率最高达到 20 倍。这包括了肺癌、皮肤癌等各种癌症。

我以为，边胎教边抽烟的孕妇毕竟是少数。在现今社会中，真正的问题不在于孕妇本人吸烟，而在于孕妇常常被迫吸二手烟。美国一所大学的研究小组对吸二手烟的孕妇也进行了调查，结果表明，不吸烟的孕妇只要在吸烟者旁边平均每天待上6个小时，其孩子患癌的几率就比其他情况增加4倍。就跟孕妇直接吸烟的情况一样，孕妇吸二手烟时，烟气中所包含的数十种致癌物质也会传达给胎儿，当这些致癌物质渗入到胎儿的血液中时，还会产生其他的致癌物质。此外，孕妇被迫吸二手烟的时间要比直接吸烟的时间长得多，这种情况对胎儿更加有害。

香烟的危害不只是致癌，它还会诱发数不清的各种妊娠并发症，例如低体重儿、妊娠中毒症、死胎、流产、早产等。

虽然在公共场所对吸烟进行了多种限制，但仍有好多丈夫就在怀孕的妻子身边毫无顾忌地吸烟，这不禁让人忧心啊！尤其是在怀孕初期，烟气会对胎儿产生致命的影响。所以请一定要记住：无心地吸烟会扼杀自己或者别人的孩子。

希望公司的管理者们能为怀孕的职场女性着想，认识到吸二手烟对胎儿的危害。即使公司只有一位孕妇职员，也要规定全体禁烟。如果无法做到，那么也要贴上禁烟告示以示提醒。不妨在禁烟告示中这样写道："您无心的吸烟会毁掉我们的未来。"

为了孕妇请禁烟

从生殖医学角度来说，男性对新生命的创造作用是有限的，而女性的作用是无限的。男性通过射精完成生殖任务，而女性则要从此时起为新生命的诞生做好准备。从这个角度来说，母亲是更伟大的。

男性和女性的身体有很多差异，"性生物学"就是研究这种差异的学科，作为一门研究因性别差异而产生不同的身体功能、作用和多重刺激反应的新领域，该门学科揭示了男女之间的生物学差异与我们通常所想的大相径庭。

让我们先来了解几个典型例子。女性心脏的平均大小为男性心脏的三分之二，心跳比男性快，尤其是睡眠状态下心跳差异更大。女性的骨头也比男性轻。女性的风湿性关节炎等自我免疫性疾病患病率比男性高，绝经期以后冠状动脉性疾病发病率也比同龄男性高。但女性对病毒的抵抗力要比男性强，并且麻醉后也比男性更快地恢复意识，女性的平均寿命要比男性长。除此之外，男女从细胞到所有脏器都有明显的差异。

那么吸烟对谁更有害呢？虽然对双方都不利，但是因为，男女之间的性生物学差异，吸烟必然会对某一方产生更严重的影响。

丹麦哥本哈根预防医学研究所的 Eva Prescott 博士领导的研究小组历经 30 年对 3 万名男女进行了调查，结果显示：吸烟对女性的危害要甚于男性。同样是吸烟，女性患呼吸道疾病、动脉硬化、心脏病、慢性气管炎等的几率比男性高 1.5~2 倍。在调查期间死亡的吸烟者有 8 500 名，其中 40% 为动脉硬化、心脏病、脑中风等血管性疾病，35% 为癌症，6% 为慢性气管炎。并且女性吸烟者死于呼吸道疾病的危险是男性吸烟者的 2 倍，死于血管性疾病的危险是男性的 1.5 倍，只有在癌症方面未体现出差异。

为什么吸烟量相同，男女间的差异会如此之大呢？研究小组的结论是：因为女性的肺要比男性小，因此即使吸烟量相同，受到的影响也会更大。而性生物学的研究结论是：女性的肺对烟气的反应要比男性敏感。也就是说，吸烟对女性的危害更致命。

在现时社会中，女性吸烟者的数量也在不断增加。我们可以从无数的新闻报道中了解到吸烟的女高中生和女初中生数量正逐渐增加。值得欣慰的是，怀孕女性吸烟的情况还并不多。

但因为职场女性的增多，自然而然地，被迫吸二手烟的孕妇不可避免地增加。

　　职场男性们有没有想过，自己毫无顾忌地吸烟会给在旁边工作的孕妇同事带来双倍的危害，自己的喷云吐雾会将各种致癌物质完完全全地传给胎儿。吸烟者们，拜托大家赶快醒悟吧！吸烟损人又害己，且是给孕妇带来危害的"凶手"。我们一再强调吸烟对胎儿的危害，希望大家对吸烟的危害性有了充分的认识后，不再吸烟，至少在孕妇面前禁烟。

胎教要如画水彩画般隽永

笔者的研究室里兰花特别地多，这是托了一位老教授的福。这位教授的教导中有一句为"用养兰的心来育儿。"兰花需要精心照料，稍有疏忽就会凋零。按教授的话来说，越是娇贵的兰花就越需要花心思。这世界上有哪个胎儿不娇贵？这比喻真是贴切极了。

之后我将这句话说给孕妇们听，反响非常热烈，此后我便经常会从孕妇们那里收到她们在怀孕期间精心培育的兰花。既得到了孩子又得到了兰花，胎教教育也可以得到意外的收获。每当我提到这个观点，就会有同事开玩笑说："既然这样的话，胎教就可以和宝石媲美了。"事实上就是如此，《七胎道》的第六道中建议将珠玉、钟鼓、名香等贵重物品戴在身上，要像拥紧它们一样来珍爱胎儿，说的就是这个理念。

有人将胎教比喻为"养参"。人参因为药效卓越而被誉为灵药，这种药效来自于栽培时的用心培育。因此一旦田地被选为参田，就会提前三年不种作物，让其休养生息，保护土壤储存养分。这就像传统胎教中的"妊娠前胎教"，也类似现代意义中的"婚前教育"。参田在三年间至少要翻土八至十次，勤拔草、勤搬石，这相当于现代意义中的"产前诊断"。参田最后要搭建屋顶避免直射光线，倾注所有心血，这又如同十月怀胎期间所付出的所有心力。将胎教比喻为"养参"，这个比喻真是太形象、太贴切了。

笔者在这里还想要强调的是，胎教要如画水彩画般隽永。不要浮躁，不要抱有特定的目的。就像在空白的画布上挥洒色彩一样，胎儿会按照父母勾勒的样子成长。如果怀着欲望作画，那么就无法画出美丽的作品。如果胎教的时候想着如何培养英才或是天才，那么结果就很容易不尽如人意。这是因为妈妈的压力会如实传达给胎儿。

看着水彩画会想到什么呢？既能想到圣母玛利亚的圣洁，又能感受释迦牟尼的慈爱，还能描绘出那广袤的非洲草原。画水彩画会使身心安定。我们的孕妇要以水彩画般清新隽永的心情来进行胎教，这才是真正为孩子着想的胎教。

最具人本主义的科学——胎教

Humanism 可以解释为人文主义、人道主义、人本主义，笔者认为，胎教可以说是真正从以人为本、顺应人文主义、人道主义出发所孕育出来的科学。

印度的民族领袖、伟大的思想家甘地被追认为 20 世纪"最伟大的灵魂"。众所周知，他为了让祖国印度从英国统治下独立出来而领导了非暴力不抵抗运动，得到了全世界的支持，建立了现在的国家机器。他生前将灭国的原因总结为七点：一是没有原则的政治，二是没有道德的商业，三是没有劳动的富裕，四是没有是非的教育，五是没有人性的科学，六是没有良知的快乐，七是没有牺牲的崇拜。他认为，"如果社会出现了这些现象，那么这个国家没有任何希望，必将走向灭亡"。我认为，从甘地的论点来看，没有人性，即丧失人本主义的科学反而会给国家和社会带来灾难。

胎教要从哪里出发？无疑要从真正的人本主义出发。妈妈怀胎分娩，即人类创造人类的整个过程就是一部充满了真正人本主义的电视剧。因此胎教既是充满了人本主义的科学，也是具有人性的科学，尽管它的内容中还有一小部分未能用实证科学来证明。

胎教是人类自古以来代代相传的、蕴含着我们女性祖先智慧的实用科学。科学的大众化只有在胎教深植于我们的文化中时才得以实现。从这点出发，可以说胎教是一门最贴近我们日常生活的文化和科学。

现在胎教完全有资格被称为"科学"，作为医学领域之一的身心医学附属下的一门科学，堂堂正正地出现在我们的视野中。科学中最具人本主义的科学，正是胎教。

第5章

让妈妈轻松、宝宝聪明的音乐胎教

安抚情绪的音乐疗法

1990 年 6 月 30 日星期六，英国赫特福德的纳贝沃思（Knebworth）公园聚集了 12 万名歌迷，为自闭儿童实施音乐疗法。所谓音乐疗法就是将音乐独特的音律、节奏和韵律应用到治疗中去。音律和和声都与人类的生物节律有着密切的关系，听音乐可以刺激感性，适度放松肌肉。当然，音乐的特性也可以产生使肌肉紧张、促进大脑激素分泌、让人感到愉悦安定等效果。在国外，音乐疗法已经成为一种全社会公认的治疗方法，并出现了"音乐治疗师"这个新兴的职业。音乐治疗师通过他们的经验告诉我们，人即使在昏睡状态下也能对音乐做出反应。

"音乐不仅具有灵性，还具有刺激人们的情感使其发生变化的力量。因此音乐有可能成为一种精神治疗药剂。"亚里士多德在《模仿论》中强调音乐对人类的精神世界影响重大，他主张，如果长期聆听会诱发消极情绪的音乐，就会被塑造成消极的性格；经常听情感真挚的音乐，就会成为诚实真挚的人。一直以来之所以用音乐疗法来治疗忧郁症、精神衰弱和失眠这样的精神疾患，正是因为音乐具有这种特性。音乐可以刺激大脑中管理情感、性欲、食欲、斗争、生存本能等理性因素的大脑皮层，使其产生愉快或者不快的情绪。

几年前世界卫生组织（WHO）举行聚会，旨在为健康的概念定义追加一条"灵魂福利"。现在的 WHO 宪章全文对健康的定义为："健康不仅仅是指没有疾病或病痛，而且是一种躯体上、精神上和社会上的完全良好的状态。"在灵魂福利的概念中，不仅包含了那些始终担当健康概念主要角色的身体条件，例如：通过宗教生活所获得的灵魂安息等；而且还追加了相当一部分的精神要素。与此同时一直被认为是迷信的一些民间疗法等传统知识也得到了肯定，胎教也不例外。胎教已经作为一门可以影响胎儿日后健康的学问获得了肯定，在科学领域占有了一席之地。

从古到今，人们始终认为音乐是治疗人类灵魂的圣药。既然音乐能治疗灵魂，那么自然也会对胎儿产生影响，不管是妈妈子宫内肉眼不可见的受精卵还是已经长大的胎儿。贝多芬说："音乐是比任何一种智慧、任何一种哲学都高深的启示。"这就是我们为什么要用音乐来创造一个充实世界的原因所在。

天才们喜欢音乐

最近在一些大学中，音乐教育系、音乐心理学系等新兴专业应运而生，并开设了"生活音乐"课程。这些专业和课程的产生证明了音乐不仅和教育关系密切，还和我们的生活息息相关。音乐已深深扎根于我们的周围，与我们的日常生活密不可分。

听音乐会促进大脑的活性激素分泌，使人们的心情变得愉快。事实上，音乐有助于大脑活性化从很久以前就广为人知。

大脑分左右两脑，各自行使着自己的职能。左脑主管语言、计算及逻辑思考，右脑主管抽象思考和空间意识能力，也就是说左脑负责理性，右脑掌管感性。那么音乐更能活跃哪一边的大脑呢？众多学者们认为，音乐特别能活跃右脑，即感性教育效果出众。

大脑内有 α 波、β 波、θ 波、δ 波四种脑波。听音乐可以活跃大脑，其中 α 波明显增加。α 波具有促进内肽啡分泌从而降低不安全感、增加幸福指数的作用。有研究表明，α 波越多，就越能提升学习能力、潜在能力和创造力等。各种类型的音乐中，听古典音乐也能使 α 波增加，这是因为古典音乐最接近自然的声音。

试着将音乐积极地应用于胎教之中吧！尤其是怀孕中期以后胎儿的大脑快速发育，大脑皮质形成，此时需要倾注更多的心力。如果大脑皮质开始生成，胎儿就能具备五感，并通过妈妈聆听音乐。此期间的一个重要特征就是连接脑细胞的神经网急速扩散。

脑细胞无法独自发挥其作用，脑细胞之间的信号传达通过突触（两个神经原的相接处）来实现。突触越多，大脑功能就越发达。所有的突触合起来就叫做神经网，所以不管神经细胞再怎么多，如果突触不足就无法形成精密的神经网。

突触就像大脑的电源分布网络。我们在教材中所看到的突触说明图只是平面图形，实际上周边还有其他成千上万的神经细胞与之相连，呈立体分布。因此如果一个神经细胞发生变化，就会引发周边神经细胞的连锁反应。音乐就是通过这个原理来刺激大脑活动的。像爱因斯坦这样的天才，他的大脑构造其实与常人无异，但是据科学家们的推测，爱因斯坦脑中的突触相对更多一些，他对音乐有着独到见解，这也许是因为音乐和突触存在着某种联系吧。

孕妇们在安静的环境中聆听动人的音乐，可以帮助腹中的胎儿自然形成精密的神经网。如果怀孕期间胎儿在喧闹的环境中成长，那么其大脑神经网就不会像山间小路一样精密复杂，而是像高速路一样笔直稀疏。音乐的优点在于可以让孕妇有安全感。

之前已经提及到妈妈的声音可以促进胎儿的大脑发育。给孩子听一些美妙的声音吧，就像妈妈的声音一样。在胎教中，音乐并不是选修课，而是必修课。

好的音乐能促进激素分泌

不同的声音对人会产生不同的影响，比如舒缓的声音可以安定心灵，嘈杂的声音容易使人烦躁。音乐也是一样，有的音乐让人感到快乐、重生勇气，也有的音乐让人心生不快或者畏惧。音乐之所以可以左右人的感情，是因为它影响着人体内激素的分泌。

日本东京女子医科大学世界知名的内分泌学专家关于人体激素的著书甚多，尤其是《激素圣经》作为其一生研究成果的集大成之作而享誉海内外。他在书中提出：人类的诞生和成长、疾病和衰老以及死亡等所有过程都与激素有关，即开启生命原理和奥秘的钥匙就掌握在激素的手中。他强调，激素才是生命的核心和人类能力的源泉。

我们的体内大概可以分泌80余种激素。它们各行其责，如果稍加活用就会给身心带来积极的影响，否则就会严重影响身心。在传统胎教中提及到孕妇要缓缓移动，虽然没有经过确切证实，但是一部分学者认为缓慢移动会使激素的分泌更加旺盛。

如果说音乐具有调节激素的力量，那我们何不充分利用？妈妈的激素可以如实地传达给胎儿，这为构建二元激素环境奠定了基础。如果妈妈体内可以分泌优良的激素，那么胎儿也会受益。反之，不仅会影响恶劣，胎儿还会因为要适应环境变化而受到双重折磨。

犯人患高危妊娠的几率远远比普通女性要高，并且容易流产、早产或者伴有各种怀孕并发症。甚至有研究表明这些人怀畸形儿的发生率是一般女性的 4 倍。其原因在于监狱这种环境会诱发各种压力激素。

所以我们要明白一点，激素是将孕妇的身体和心情变化如实传达给胎儿的媒介。不一定非要听《七胎道》中的风雅音乐，但有助于激素分泌的好音乐还是要经常听一听的，这对孕妇和胎儿都是极有好处的。

充满生命韵律的古典音乐

潺的溪流声、哗哗的下雨声、沙沙的海浪声……聆听这些大自然的声音我们的心情就会莫名地平静。甚至是自然界那些动物的声音，如鸟叫声、狗吠声、蛙鸣声等也都可以让我们的心情平静下来。我们身边有数不清的动听的大自然的声音，那么，这些大自然的声音又是如何平复人们心情的呢？

专家们说这是因为大自然中各种各样的声音充满了"生命的律动"。它们的律动规则各有其微妙之处，被称为"F分之一的律动"。最近Chaos韵律备受各个领域瞩目，这种美妙的声音律动具有让人愉快、平复不安心情的效果。

古典音乐听起来会让人心情安定下来，就是因为这种音乐中充满着生命的韵律——F分之一的律动。

经动物实验证明，倾听自然的声音或者古典音乐会消除压力。如果牧场在挤奶的时候播放古典音乐，牛奶产量就会增长；如果养鸡场也如法炮制，鸡蛋产量就会剧增。不仅仅是动物，甚至连花草树木都适用于此法。这一切都是因为古典名曲充满着自然的声音——生命的韵律。

因此无论怎么看，将这种自然的声音应用于胎教是一件再自然不过的事情。人本身就是自然的一部分，所以与自然融为一体是最理想的胎教。

传统胎教中主张音乐要接近自然。《七胎道》的第四道中提到的"礼乐"（欣赏高雅音乐）、第六道中提及的"风入松"也是如此。自然和音乐，将这两者完美融合，让胎儿沐浴在自然之中。所以，胎教并不是遥不可及的，除了古典音乐，我们还可以就地取材，只要有时间就聆听一切所能听到的自然之声，因为自然本身，就是美妙的感性音乐。

自然的声音让孩子茁壮成长

前 面提到自然中的各种声音充满着生命的韵律——F 分之一的律动。那么这种律动对孕妇和胎儿有何 影响呢？

对此笔者一直颇有兴趣，并在临床研究委员会的许可下进行了相关实验。巧的是，曾经一起合作过的中国杭州中山医科大学妇产科张秀全教授对此也非常关心，所以让研究进展得非常顺利。

据推测，胎儿的感觉大多是受外界或者间接的刺激以及受孕妇情绪变化的影响。但是相关的研究并不多。笔者为孕妇播放了各种声响，借此观察胎儿的心脏搏动变化，从而分析妈妈的情绪变化会对胎儿产生何种影响。

心脏搏动检查是检测分娩前胎儿健康的一种代表性的检查方法，其中有一项为无刺激胎心监护（Nonstress Test，NST）。

这种检查是在没有宫缩及其他外界负荷刺激的情况下，观察胎动后胎心率的变化。

对 50 名孕妇实施了 20 分钟的 NST 之后，又用手机放了 15 分钟的"大脑 α 波生成"音响予以刺激。然后又让她们听了 15 分钟的波浪声、溪流声、鸟鸣声等自然声音，对各个效果进行比较分析。结果表明：受到声音刺激后胎儿的心脏搏动增加。

通过母体的间接声音刺激也能使胎儿的心脏搏动发生变化，这是这一实验的重大发现，尤其是胎儿心脏搏动的变异度增加使其更是具有深远的意义，它作为判断胎儿成熟度的标志，在妇产科中相当受重视。根据这种数值的增加笔者又提出了一个假设：持续的自然声音和 α 波段声音可以促进胎儿的生长。

虽然这项研究结果有待进一步深入或具体化，但听觉刺激导致胎儿生长发生变化，这如实地反映了孕妇的情绪变化是何等的重要。所以，为了肚子里的宝宝，请用心聆听大自然的美妙吧！

为了孕妇幸福的音乐按摩

在精神科学领域的临床医学中，音乐很长时间以来就是一种常用的治疗手段。然而最近，除了在精神治疗领域以外，其他各个领域音乐也以各种方式或途径被应用。

据说音乐疗法发源于古代，古代的埃及、波斯、印度和希伯来人就曾利用这个原理来治疗身心疾病。现代音乐疗法则始于20世纪中叶。第二次世界大战时，不管是参战的军人，还是普通的百姓都被战争恐怖所笼罩，精神病患者剧增。美国、英国等参战国就是在这时寻找到了一个缓解人精神紧张的方法，那就是现代音乐疗法。从此以后，音乐疗法不断发展，理论背景不断完善，如今国际性的"世界音乐治疗学术大会"也得到了世界各国的广泛参与。音乐疗法在理论和实践方面都取得了进展，被越来越多的人认可。韩国在梨花女子大学教育学院也开设了"音乐治疗学"研究生课程，并创立了专业团体"大韩音乐治疗协会"。

最初，音乐疗法主要作为治疗精神病患者、自闭症儿童和老年痴呆的辅助疗法而被应用，慢慢地其应用领域不断扩展，比如近期发表的有关音乐疗法的论文就有"音乐疗法对血液透析患者的压力和生活质量的影响"、"音乐疗法对手术患者术后恢复的影响"、"针对脑疾儿童的音乐疗法"等，颇有百花齐放、百家争鸣之势。那么"音乐疗法"到底要使用什么样的音乐呢？也许有人对此的第一个反应大概是非古典音乐莫属。事实并非如此，流行歌曲、通俗歌曲、民谣等多种音乐都可以用于音乐疗法。尤其是在改善痴呆老人和自闭儿童症状方面，音乐要根据对象的不同而不同。

许多孕妇为了胎教，勉强自己选择特定的音乐，这其实是不对的，强制性的音乐胎教就如同为了写听后感而听音乐一样，孕妇享受不到听音乐的乐趣，对胎儿也就毫无任何帮助。

所以，如果是孕妇讨厌的音乐就不要去听，可以根据自己的喜好来选择。绝对不要强求，要自然而然地享受音乐。

肉体的疲劳可以用肌肉按摩来消除，同理，情绪上的疲劳也可以通过音乐按摩来治疗。音乐是最简单、最自然、最好的治愈身心之法。

妈妈喜欢的音乐就是
最好的胎教音乐

笔者的同事中有一位柳教授，很感谢他为我准备了一些"不至于讨厌"的古典音乐。我本来对古典音乐并没有太大兴趣，这让痴迷于古典音乐的柳教授感到很为难。他向我介绍了几种享受古典音乐的方法。第一，听古典音乐的时候不要刻意去想曲名是什么，要舒舒服服地坐着聆听，完全投入到音乐中，有人认为自己知道的曲名多就代表着对古典音乐的理解和喜爱。其实，这仅仅是代表一个人的常识丰富，并不能代表他能真正享受音乐。第二，听古典音乐时想象演奏者或表演者的动作和表情。比如，听小提琴曲的时候想象演奏者的手指在跳舞，听声乐时想象着演唱者的表情，听交响乐时就想象指挥家的身体动作。这两种方法都非常有效。此外效果较好的还有"自我催眠法"。听音乐的时候，不断暗示自己"这真是首好听的曲子"、"这音乐让人心情变好了"或者"心情平静了好多"，这样一来就会感觉音乐悦耳多了。

之所以要跟大家分享一下听古典音乐的方法，是因为有的孕妇听信了古典音乐有助于胎儿大脑的发育，就勉强自己听本不喜欢的古典音乐。其实如果是这种情况，音乐胎教不会取得任何效果。如果孕妇听古典音乐本身就是一种负担，那么只会给胎儿带来压力。

回到我最初的观点，自己喜欢的音乐就是最正确的胎教音乐。如果喜欢通俗音乐就听通俗的，如果喜欢流行音乐就听流行的。当然，还是应该避免听那些过快或者过于嘈杂的音乐。妈妈的心脏搏动加快或处于兴奋状态都对胎儿不利。

回想一下，当听到录音机中传来曾经喜爱的歌曲时心情是怎样的呢？那种快乐难忘的记忆是否又浮现在脑海中，心里暖意融融？音乐心理学者们称这种现象是"条件反射引起的大脑α波增加的结果"。听到某种特定的音乐，就会回想与其有关的幸福时光，这种条件反射性的联想会在脑中产生α波。因此充满回忆的歌曲会在瞬间将忧郁悲伤统统带走，音乐，就是有这样的魅力。

因此不必固执地勉强自己只听古典音乐。自己喜欢的就是好的，不管是童谣还是流行歌曲。如果听了就很快乐，那么它就可以成为胎教音乐。

让音乐自然地融入生活中去吧！这对胎儿、对自己都是一生的补药。

自由地享受胎教音乐

如果问孕妇们如何做胎教，那么多数人都会回答"听音乐"，可见音乐胎教已经深入人心。但是，大家又都在听些什么音乐呢？大部分人会回答"听胎教音乐CD"。胎教音乐CD在名称上五花八门，例如"胎教音乐集"或者"胎教音乐精选集"等，但内容几乎千篇一律，都是童谣或者莫扎特音乐。

这个方法绝不值得提倡。事实上，在音乐领域并没有"胎教音乐"这一类别，即使问音乐大学教授，他们也会回答说没有这类音乐。可以毫不客气地说，这是胎教的产物之一。所谓的胎教音乐都是选择一些古典音乐制成磁带或者CD，就算制作公司不同，音乐也相差无几。

每个人都有自己的个性，都过着属于自己的生活。对于一个家庭来说也是一样，每个家庭都有其独一无二的家庭文化。

如果无视这种背景和差别让孕妇们听同样的音乐，就如同给孩子喂一样的饭菜、让他们在同样的环境下成长一样。这是多么不合理啊！

如果有一种像"开放音乐会"这样的节目就好了，可以听各种类型的音乐，有古典音乐也有传统音乐，有民谣也有流行音乐，有舞曲也有说唱音乐，虽然有人会对这种大杂烩的音乐会嗤之以鼻，但恰恰是因为风格多样，大家一起听这种音乐会感到很快乐。胎教音乐也是如此。

市面上的胎教商品让人眼花缭乱、无从选择，莫不如就听一听妈妈喜欢哼唱的曲子或者夫妇热恋时一同听过的曲子，效果也许更好。

科学已经证明音乐对胎儿有着积极的影响，然而并不是只有古典音乐才能达到这个效果。夫妇喜欢的音乐、一个家庭独有的音乐也能充分地产生好的效果。从只能听"古典音乐"的思想桎梏中解脱出来吧，自由地享受自己喜爱的音乐。

降低声音，放大关爱

我们现在生活的社会真是太嘈杂了，不仅是公共场所，职场和家庭也一样。对孕妇自己和胎儿来说，这并不是一个很好的环境。

为了优质胎教，需要让孩子在一个安静的环境中听一些低音，有专家还为此做了实验来证明这一点。

请不要忘记我们前面提到过的，低音更容易传达给胎儿。为了让出生的婴儿更听父母的话，就应该降低声音温柔地与孩子交流。特别是准爸爸们一定要将这一点铭记在心。

大脑皮层发达的第 28 周以后，胎儿不仅可以听到子宫内外的大部分声音，并且会对这些声音留有记忆。胎儿能记忆就意味着有教育的可能性。而教育则需要一个反复的过程，因此要经常用低沉的声音跟孩子对话才会有效果。不论是孕妇还是周围的人都不能大声喧哗，这就跟在喧闹的教室里学习会降低学习效果一样。

可是，环视一下我们生存的环境，是不是太喧闹了？不管是办公室还是公共场所，身旁的人都毫无顾忌地大声喧哗。我们经常可以看到有些人为了一件小事而吵得面红耳赤、不可开交，有时还会把车停在路中央吵架。这种环境绝对不适合胎儿。

来做产检的孕妇们也是什么样子的都有。有嗓门大的，也有一句话都不说的，还有滔滔不绝地制造噪声的，她们在伤害自己的同时也在伤害其他孕妇。笔者会很注意地用非常低沉的声音跟她们说话，这样孕妇也会降低音量回答。越是嘈杂的环境，就越要降低音量让其安静，这样才会更有效果。

首先，夫妇间说话的时候要试着降低音量。用低沉的声音平静地交流会更显得温情脉脉。日常生活中也要降低音量说话，不管多么喧哗，首先自己要安静地说话，这样才会让对方跟着降低音量。这种习惯不仅有助于营造一个良好的胎教环境，还有助于减少整个社会的噪声。

孩子喜欢什么样的声音

有位教授说，怀孕期间夫妇如果习惯大声说话，孩子以后就容易不听话。这是因为腹中的胎儿听惯了父母的高嗓门，那么出生后父母只有嗓门更大孩子才能听话。这些教授的观点正确与否并未经过证实，但是从一些专家的研究结果来看这是很有可能的。

很显然，胎儿对在子宫里面所听到的声音留有记忆，出生后仍能记住妈妈的声音就是很好的证明。那么，胎儿对哪种声音的记忆更深刻呢？

英国 Damstra 教授为了研究胎儿的记忆力做了如下实验。以28 名新生儿为对象，在他们出生一天半之后播放两种声音。一种是妈妈的声音，另一种是出生前曾经听到过的其他声音。然后观察新生儿对这两种声音的反应。结果显示，一半以上的新生儿对两种声音都有反应，并且对妈妈声音的反应更为明显。

Damstra 教授同时还做了警报的实验。在怀孕末期给胎儿听门铃声和闹铃声，出生之后再一次播放，婴儿们竟然没有被嘈杂的闹铃声惊吓到，而胎儿时期未听过这种声音的其他新生儿则都表现出受到惊吓。

以色列 Shalev 博士也做了类似研究。他以 103 名怀孕 32~40 周的孕妇为对象，调查她们腹中胎儿对反复性声音的适应度，作为声音刺激的门铃声在 80~90 分贝。结果显示，播放 20 次门铃声之后适应率为 85%，30 次之后为 95%，50 次之后则达到 100%。并且从总体来看，随着怀孕周数的增加，即越接近临产适应得就越快。这是因为胎儿越大，就越容易适应周围的环境。

从上述结果中我们可以推测出以下两点：第一，在所有的声音中，胎儿对妈妈的声音记忆最深刻，因为胎儿在子宫里面听到的最多的就是妈妈的声音。第二，喧闹的声音就算听得再少也会被记住，尤其是足月的时候。

胎儿很容易记住喧闹的声音，这一点非常值得重视。这是因为如果适应了喧闹的声音，那么在出生后就会呈现出一些非正常反应，例如对高音无反应等，这就会产生一系列问题。这些孩子对温和刺激无任何吃惊反应，为了诱导其反应，声音必须更大、更喧闹才行，也就是说只有经常大声斥责，孩子才能有所反应。

从这个层面来说，喧闹的声音、惊吓的声音对胎教极为有害。如果怀孕期间夫妇经常吵架的话，那么胎儿出生后会更加适应哪些声音就不言而喻了。我们应该深思，为什么在传统胎教中无数次地强调"慎言"、幽静的环境、端正的身姿等了。

莫扎特音乐真的有效果吗

　　提到胎教音乐，人们首先想到的就是莫扎特音乐。据说莫扎特音乐不仅对胎教有利，还对孩子的情绪涵养、成人的心理安定具有良好的效果，还有些研究结果称其可以提高 IQ。

　　1993 年，美国加利福尼亚大学神经生物学中心的 Rauscher 博士为了探索莫扎特音乐的效果做了一个实验，给 36 名大学生播放了 10 分钟的 "D 大调双钢琴奏鸣曲 K.448" 之后实施了智商测试，结果发现几乎所有的被实验者的智商数值都上升了 8%~9%，尤其是空间推理能力提高了 30%。这与学生们所具备的音乐素质和教育环境毫无关系。

　　此外，研究小组还做了其他音乐的比较试验。将大学生分成三组，一组什么音乐都不听，一组什么音乐都听，一组只听莫扎特音乐。最后测定的平均 IQ 分别为 110 分、111 分和 119 分，只听莫扎特音乐小组的 IQ 分最高。这项研究结果刊登在世界权威科学技术杂志《NATURE》和《New York Times》上，其波及效果让人称奇。

国内外类似的研究层出不穷，尤其是关于莫扎特音乐能提高 IQ 的文章更是如雨后春笋，相关的学术研究也并不少见。贩售胎教音乐光盘的公司也将这个成果称为"莫扎特效应"进行宣传。

在成千上万的音乐中，为什么只有莫扎特音乐能够提高 IQ 呢？精神科医生给出的解释是这样的，智能由集中力、效率性、判断力、情绪安定感等组成，莫扎特音乐从结构上来说几近完美，尤其能提高平衡感和安稳感，所以才有这样的效果。有趣的是，科学家们通过分析莫扎特本人的乐谱和信件时推测他的 IQ 为 220，其中 Rauscher 博士认为莫扎特 4 岁即能作曲的天才性和其母亲酷爱音乐也有着很大的关系。

鉴于孕妇的心脏搏动最能稳定腹中的胎儿，还有人对莫扎特音乐和心脏搏动之间的关联性进行了研究，当心脏搏动为四分之三拍的时候，相当于华尔兹的旋律。多数人都不排斥华尔兹，是因为记起了胎儿时期经常听到这种声音。在此基础上，提出了莫扎特的"土耳其进行曲"在平复兴奋方面尤为有效。

然而我对这个主张多少持反对意见。因为胎儿在子宫内不仅能听到孕妇的心跳声，还能听到胎儿自己的心跳声。胎儿的心跳声和妈妈的心跳声截然不同，这是因为心脏的结构有差异。心脏瓣膜一开一合产生了心跳声，而此时心脏瓣膜还未完全形成，心室还有小孔，心脏壁的小孔在足月时才能闭合。因此胎儿的心跳声不同于成人的四分之三拍，而是四分之二拍或者四分之四拍。在同时听到四分之二拍、四分之三拍、四分之四拍的情况下，是不可能只记住莫扎特四分之三拍的古典音乐的。

关于莫扎特音乐对于胎教效果的理论研究背景正确与否，仍然无法拍案定论。但是莫扎特音乐如此备受瞩目并被广泛研究，这本身就很有意思。另一方面将成人的学习效果加诸于胎儿身上稍显苍白无力。如果孕妇喜欢莫扎特音乐，那么就没有理由为是否应该将其应用到胎教中而犹豫不决。如果自己喜欢的音乐受到科学家们异口同声的肯定，但就这一点来说就具有良好的胎教效果。

第6章

妈妈幸福了，
孩子才能幸福

- 没有压力的生活很重要
- 胎儿的大脑对压力尤为敏感
- 深呼吸有助于孩子的发育
- 压力是胎儿健康的潜在威胁
※ 关于压力测试
- 胎教是整个家庭的责任
- 胎教是孩子的氧气
- 恐怖电影，忍十个月再看吧
- 妈妈不可以受惊吓
- 让妈妈和胎儿更亲密的冥想
※ 没有压力的分娩环境也很重要

没有压力的生活很重要

为孕妇和胎儿消除压力，是所有胎教的根本。但从医学层面来看，压力并不一定完全是坏事。压力可以维持身体的"恒常性（Homeostasis）"，是生存的要素。恒常性指的是人体在应对多种环境变化或危机时维持正常状态的特性。有意思的是，不管是受伤、出血、疾病等物理压力，还是恐怖、不安等精神压力，它们在人体中产生恒常性的过程极为相似。以人类为首的所有生物都具有这种特质。下面让我们看一个恒常性的简单例子。

如果我们体内血糖增高，胰脏就会分泌胰岛素来分解血液中的糖分从而降低血糖。也就是说，如果身体受到刺激，就会自动产生反作用并复原到正常状态。如果没有这些恒常性，也就是说不分泌胰岛素的话，血糖就会持续增高，最终发展成糖尿病，导致身体各个部位受损。

人喝水了就要小便也是这个道理。体内水分过多的信号传达到大脑，根据这个信号，抑制尿生成的抗利尿激素分泌就会减少，体内的水分会通过尿液排出。如果血糖降低或者水分减少的话，这种恒常性就会发挥相反的作用来维持身体均衡。

理论上说，如果不能维持适量的水分和血糖，人的身体很难坚持几天。然而事实上人在这种情况下却可以坚持几周，这都是因为恒常性在起作用。正是因为一定的刺激，即适度压力，细胞才得以从中获取生存所必需的氧气等能量。

所以说，适度的压力可以活跃恒常性，对我们的身体产生积极的影响。但是过度的刺激则会成为毒药，过度的压力甚至会威胁到身体健康。它作用于身体的一部分或所有组织，甚至会导致细胞死亡（医学称这种现象为坏死）这样的严重现象出现。精神压力对身体组织会产生直接的影响，如使胃内壁腐烂产生胃溃疡。

压力促使孕妇的肾上腺分泌压力激素。这种压力激素大部分都会通过胎盘传达给胎儿。因为激素可以传达到体内血管连接的所有部位，胎儿自然也毫不例外。所以，孕妇一定要铭记，因压力而产生的所有身体变化都会如实地对胎儿产生影响，不能对压力等闲视之。

胎儿的大脑对压力
尤为敏感

压力对胎儿的身体组织，尤其是大脑的影响甚大。为了便于大家理解这一点，让我们来具体了解一下压力引起的身体反应。

身体反应中有一种叫做"特异性反应"，指的是经常对某种特定刺激做出特定的反应。例如一旦被感染，白细胞就会增加。与此相反，如果对某种刺激的反应难以预测，就称之为"非特异性反应"，意为对同一刺激做出多种反应。压力引起的身体反应就是典型的非特异性反应。

我们的人体如果受到精神压力，就会出现下列症状，比如身体各部位的血管收缩，血压上升，呼吸急促，体温升高，肌肉紧张。尤其是如果长时间感到压力，就会增加血液的酸性度。血液影响着血管途经的所有组织，酸性血液会诱发胎儿呼吸困难，严重时甚至难以自然分娩。

孕妇体内分泌的激素会通过胎盘传达给胎儿。更具体地说，母体血液会通过毛细血管向胎儿血液输送必需的养分和氧气等，这时非正常增加的激素等也随之流入。虽然不是所有的物质都能通过胎盘，但是像氧气、二氧化碳、水等分子量小于 500 的物质很容易通过胎盘扩散。胰岛素、类固醇、甲状腺激素等也会通过胎盘进入子宫。

孕妇因压力而增加的肾上腺素会收缩子宫血管和胎盘血管，减少流向胎儿的血液。胎儿的大脑最需要氧气，因此压力最终会对胎儿的大脑发育产生不良的影响。

吸烟危害胎儿不仅因为香烟中所包含的有毒物质和尼古丁会收缩孕妇的血管，而且吸烟的孕妇血液中的含氧量明显比不吸烟的孕妇要少，血液中氧气不足就会加剧血管收缩，如此恶性循环，只会给胎儿带来严重的缺氧问题。胎儿的大脑在体内占有很大的比重，相应承担的事情也很多。胎儿的大脑组织比其他身体组织更为重要，发育得也更快。如果这个时候大脑缺氧，那么其后果将不堪设想。

为了使胎儿的大脑能够正常发育，就要避免压力。周围的人们也要注意不要给孕妇施加压力。孕妇的情绪压力对胎儿的影响与吸烟无异。压力、吸烟、氧气不足，这三者关系密切，孕妇们一定要避免。

深呼吸有助于孩子的发育

压力会引起胎儿的氧气缺乏，而氧气缺乏会产生一个问题，那就是导致畸形儿。缺氧会提高畸形儿的发病率，这已被现代医学充分证明，但是仍有孕妇对这两者之间的关系认识不清。

怀孕初期胎芽阶段中氧气非常的重要。因为这个时期身体的各个器官正在形成，组织分化需要充足的氧气。组织正常分化才能使身体各部分健全发展，这是一般性的常识。

美国波士顿医科大学的 Miller Ski 博士发表了一项研究结果：怀孕初期经常去洗桑拿的产妇生出畸形儿的几率高达 2~3 倍。孕妇们应该避免长时间处于氧气不足的环境中，也不宜进行消耗大量氧气的运动。年纪大的奶奶们经常告诫年轻的孕妇不要长时间待在热水中。传统胎教中教导说不要靠近热水，不要去热的地方，就是因为如果长时间待在炎热的地方就会导致氧气不足。即使是普通成人浸入热水中都会呼吸困难，大量地消耗氧气，如果孕妇在呼吸困难的浴池中洗澡，子宫内的胎儿就会受到缺氧的威胁。

在日本提倡增氧健身等这样能急速消耗氧气的运动，我们对此要慎重。尤其是高危孕妇更要保持身心安定，经常进行深呼吸。

不要忘记"胎教就像氧气"这句话。要有意识地进行深呼吸，为胎儿提供充足的氧气。这样的胎教才是真正的对自己负责，对日后出生的宝宝负责。这并不是笔者总结出来的方法，而是千百年来流传下来的传统胎教的一部分。

压力是胎儿健康的潜在威胁

众所周知，压力对人体有百害而无一利。虽然轻微的压力会对身体产生适当的刺激，但是一旦过度就会杀死细胞诱发溃疡。研究压力对人体影响的论文不计其数，最近探索压力究竟会对怀孕产生何种影响的论文也陆续问世。2006 年，阿根廷科尔多瓦的 Bozzo 博士研究小组提交的一份报告显示：对妊娠老鼠施加压力，发现肾上腺皮质等出现坏死。美国的 Ark 教授也发表了类似文章，他从免疫学角度揭示了压力对怀孕的影响，并详细记录了过程。如果怀孕就会分泌多种免疫组织物质，其中有好的也有坏的。Ark 教授向妊娠鼠施加压力，观察细胞因子是如何变化的。结果发现，各种细胞因子中危害怀孕的"肿瘤坏死因子（TNF）"大幅增加，而有益怀孕的"免疫学自卫功能"受到抑制，最终这两者相互抵触导致老鼠流产。

肿瘤坏死因子不仅会诱发癌症，还会破坏免疫系统，侵入到子宫、胎盘内部，无法维持正常的怀孕状态。如果免疫系统受损，就像下雨天不撑雨伞一样，没有任何保护措施，就无法保持正常的怀孕状态。这时，不仅会发生流产、早产和死产的危险，就算胎儿有惊无险地降生，也无法保证以后没有问题。仅是压力就能产生如此之多的不利影响，这有多么可怕。

有的学者并不认同这个结果，因为他们认为这种实验无法照搬到孕妇身上，这只是以老鼠为对象所进行的动物实验而已。但有哪个孕妇会乐意接受这样的实验呢？这根本就是在强词夺理。不能以人类为对象进行试验，并不等于说压力对孕妇无害。

孕妇应该自觉避开压力大的环境，此外周围的人也不要向孕妇施加压力，这些都是胎教的重要内容。

关于压力测试

美国的 McCubbin 博士以 18~37 岁之间的健康孕妇为对象，测定她们做完数学难题之后的心脏搏动数和血压。结果显示：所有人的心脏搏动数和血压都呈上升态势，在追踪调查中，平缓期血压急剧上升的孕妇多半情况下会产下早产儿。平缓期血压上升意味着血管收缩加剧，如果这种现象持续时间过长，就会减少输向胎儿的血液量，结果导致胎儿体重过轻。当然，像试验中解数学难题是在很短暂的时间内所产生的压力，所以不会出现太大问题。

测定怀孕期间胎儿的预后叫做"压力测试（Stress Test）"。这种检查是指通过向孕妇施加"子宫收缩"这种物理刺激，以便观察胎儿的心脏搏动变化。这种测试如今在妇产科中作为一项重要的检查而被广泛应用。如果子宫收缩后胎儿的心脏搏动数降低，就会减少通过胎盘的血液量，从而断定预后不良。

实际上这种胎儿不仅出生后的状态糟糕，患各种疾病的几率也比其他孩子高。需要注意的是，这种检查顾名思义是对胎儿施加压力的检查，因此除非很有必要时才能进行，而且检查过程中会出现早产疼痛，所以要格外注意。孕妇压力过大，就与"压力测试"一样，危险并且有害。

美国的 Landsbergis 博士提出："当被严重的压力所困扰时，妊娠性高血压的发病率就会增加。"此外 Hedegaard 博士也认为，压力严重时早产率会上升 1.76 倍左右。瑞典的 Forde 博士也对孕妇的精神状态与早产、新生儿体重之间的关系进行了研究。他认为，处于社会底层或者教育程度不高的年轻女性在怀孕过程中会被更大的压力所困扰，体重无法正常增加，产下早产儿和低体重儿的情形较多。

妇产科学界充分地肯定了由压力引起的变化和并发症，因此胎教必须在没有肉体和精神压力的环境中进行。这就是为什么在胎教中孕妇的家庭、职场和周围所有人的作用都如此重要的原因。

胎教是整个家庭的责任

压力引起的身体变化多得数不清，常见的有肌肉紧张度提高，呼吸急促，心脏搏动加快，血压升高。如果这些持续下去，甚至可以诱发失眠、胃溃疡、心脏病等。

因为孕妇受到压力时同样会对胎儿产生影响，所以会有产下早产儿、低体重儿的危险，压力对高危妊娠尤其致命。

压力也会改变孕妇的行为习惯方式。根据美国一些学者的研究，如果孕妇受到压力，就会有摄取有害健康的食物、嗜烟嗜酒、接近毒品等行为的出现。

虽然也有一些相反的观点出现，比如美国国立保健研究院（NIH）的调查结果显示：在压力巨大的职场中工作的孕妇，其各种妊娠指标和在轻松职场工作的孕妇并无差异。这些孕妇的早产率并不高，只是在妊娠性高血压的发病频度方面略显偏高。

所以NIH认为，一定水准的压力不会对健康的孕妇产生太大的影响。尽管如此，压力对怀孕有害无益是毋庸置疑的。

产生压力的原因有很多，如人的个性、身体和情绪的健康状态、生活环境、经济条件等都会对人产生一定的压力。外界的帮助会对压力的减轻起到重要作用。所以，作为孕妇的家人，一定要了解一下孕妇产生压力的原因都有哪些，其中哪个最棘手，然后一起努力寻找一个适合的方法来消除压力。自己的努力加上家人的帮助和同事们的温暖关怀，这些都会成为孕妇的坚实后盾。胎教不仅是产妇的责任，更是整个家庭的责任。

胎教是孩子的氧气

人活着离不开氧气和水，尤其是没有氧气的话，连一刻都活不下去。对胎儿来说，胎教就是氧气。

代表性的高危妊娠中有一种现象叫做"子宫内胎儿发育不全"，是指胎儿在子宫内未达到正常体重，即低体重儿。如果体重未达到相应怀孕周数的标准体重，就可以判定为低体重儿。子宫内胎儿发育不全跟氧气不足有着密切的关系。

在胎儿体重不足的原因中，主要原因有妊娠性高血压、胎盘组织僵硬引起的胎盘梗塞症等。这两种疾病有一个共同点，那就是胎盘血管收缩。血管收缩会阻碍通过脐带的血流，从而影响养分和氧气的输送。如果持续下去，胎儿的体重自然会逐渐降低。此外，如果孕妇受到压力而引起脐带血管和子宫血管收缩，就将会诱发低氧血症，最终导致胎儿发育不全。

我们对病理要素束手无策，但孕妇可以努力避开压力。减少一分压力就可以阻止多重危险，对此一定不能疏忽。

如果没有压力，身心就会放松，从而可以从外界吸收更多的氧气。笔者曾经看过一本书，里面建议孕妇在日常生活中经常进行轻松的有氧运动和腹式呼吸，我认为这个方法值得提倡。怀孕期间胎儿患病大部分是因为氧气缺乏症。如果以平和的身心来进行最优质的胎教，就会为胎儿提供更多的氧气。

请牢记一个事实：胎儿不能没有胎教，就像我们活着离不开氧气和水一样。水的形状会因容器模样的不同而改变，装入水缸中就像水缸，倒入茶杯中就像茶杯。同样，胎儿也会随着父母所倾注的心力不同而出现不同。所以，为了孩子，做好胎教，一切付出都是值得的。

恐怖电影，忍十个月再看吧

看恐怖电影时那种心惊胆战的感觉大概很多人都会经历过吧。一边惊声尖叫，一边从遮住眼睛的手指缝中偷偷地从头看到尾，恐怖电影似乎有一种难以说清的魔力吸引着很多人。有些女性即使怀孕时仍对恐怖或者灵异电影狂热痴迷，这种情况实在让人担心。就算是为了胎教，为了肚子里的宝宝着想，奉劝准妈妈们怀孕的时候尽量避免看这类电影。

看恐怖电影时，会情不自禁地紧张，满手冷汗，心脏搏动也会加快，口干舌燥，呼吸急促。这是由于自律神经中的交感神经受到刺激而产生的症状。敏感的人群会陷入严重的自律神经失调症。虽然这种症状极其少见，但仍有死亡情况发生。

我们身体的自律神经将交感神经系统和副交感神经系统完美融合，它和内分泌系统互相作用维持着正常的生体功能。我们体内的神经系统分为中枢神经系统和自律神经系统。身体的肌肉由中枢神经系统支配，无法按自己意愿活动的器官则由自律神经系统掌管，比如胃肠、膀胱、心脏等器官都接受自律神经系统的调节。因此中枢神经系统又叫做"动物神经系统"，而自律神经系统又被叫做"植物神经系统"。自律神经系统无法正常运转就会出现自律神经失调，这种情况下会出现眩晕症、腹泻、呕吐等自觉症状，严重时会导致死亡。

想要了解自律神经失调症，只要看过"观看足球比赛猝死"的新闻报道就很容易理解了。在极度紧张的状态下观看足球比赛，进球的一瞬间交感神经系统和副交感神经系统之间的均衡被打破，自律神经无法正常发挥作用，引起呼吸紊乱，最终因无法正常呼吸而死亡。太过投入恐怖电影也是如此，极度的恐惧感和紧张感会导致身体发生变化。成人都会因此而死亡，更何况是子宫内的胎儿呢？

在一次关于胎教的讲座中，一位产妇曾提出这样的问题："老师，我非常喜欢恐怖电影，真的不能看吗？"在其他孕妇的爆笑中笔者给出了如下回答："在韩国，当电影院上映恐怖电影或灵异电影时都会在入口处贴上'禁止老弱及孕妇进入'的告示，而这种情况在其他国家是很少见的。可见国家对胎教这件事是何等重视，甚至不惜减少电影院的收入，政府和公共部门都能如此重视胎教，作为孩子的母亲，再喜欢恐怖电影，也请稍作忍耐吧！"

《七胎道》中的第三道让孕妇避开胎杀环境，并列举了孕妇绝不能去的场所。虽然笔者认为每个月选定一个地方禁止孕妇接近显得有些不合情理，但这跟当时的时代背景是有关的，而且这种观点是很有道理的。如果当时也有现在的恐怖电影，想必在《七胎道》的胎杀场所中肯定还会追加一个"上映恐怖电影和灵异电影的电影院"。所以，还是奉劝准妈妈们，想看恐怖电影，还是忍十个月再看吧！

妈妈不可以受惊吓

在韩国，人在吃惊时会情不自禁地说"哎呀，孩子都吓出来啦！"特别是一些上了年纪的人爱这么说。根据从事 30 余年妇产科治疗的经验，笔者想说，话看似夸张，但确实并不过分，事实上孕妇受到惊吓后果真是不堪设想。

人的身体对外界的刺激相当敏感，不管是肉体刺激还是精神刺激都是一样的。还记得初高中时学过的"膝跳反射"吗？在放松状态下轻轻敲击膝盖前部，小腿就会不受控制地急速前踢。这是因为施加于膝盖的物理刺激在流经脊椎还未到达大脑之前所引起的条件反射。再来看看精神刺激。假设穿过胡同的时候，有人突然从暗处猛地跳出来吓你一跳，人们就会像膝跳反射一样，做出即时的反应。大脑一接收到惊吓的刺激，心脏马上开始颤动。这就导致心脏搏动数急剧上升，有时还会出冷汗。

那么这些即时的反应是如何出现的呢？这是人体内的压力性激素和神经传输物质突然作用的结果。如果是孕妇体内这种激素增加就会通过胎盘如实地传达给胎儿。

这种压力性激素的增加就好比是服用药物过量一样，会给胎儿造成很大的负担。加剧妈妈心脏搏动的压力性激素和神经传输物质无法排出体外或者不见减少，并原封不动地传达给胎儿，冲击胎儿的心脏。经过超声波检查确定，在孕妇受到惊吓的同时胎儿的身体会变得僵直。怀孕 5 个月时胎儿的体重约为 500mg，就算孕妇的体重按 50kg 计算，那么子宫中的胎儿也要承受母亲 100 倍的冲击。当然怀孕 5 个月之前胎儿承受的冲击会更大。这正是"小"刺激产生的"大"反应。

平时孕妇的心脏搏动约为 1 分钟 70 次，而胎儿的心跳次数大概是孕妇的两倍，约为 1 分钟 140 次。胎儿的心脏很小，相比之下其负荷本来就显得更多。如果平时就满负荷的胎儿心脏再受到惊吓刺激，后果很难想象。

根据临床病例，由于不明原因导致胎儿在子宫内死亡的情况相当多。2002 年韩国暻园医科大学发表的内容称 8 年间有 269 例胎儿死亡，其中 79.2% 为原因不明。在其他国家，同样原因不明的胎儿死亡事例也很多。

任何事情的发生都是有原因的，有的时候只是无法确切究明原因而已。有的时候当我们对失去孩子的孕妇所身处的环境进行追踪调查时会发现，这些孕妇往往经历过一些突发事件，比如有的双亲过世，有的丈夫重伤，也有其他一些家庭变故等，这些事故往往发生在几周或者几个月之前，所以无法贸然将其与胎儿的死亡联系起来。

根据仁荷大学的研究，胎儿死亡不分怀孕前期和后期，也与体重或大小无关，是可能随时发生的，其中死亡最多的怀孕周数为37~40周。因此，孕妇在整个孕期都需要格外注意。

《七胎道》中的第二道教导孕妇不要受惊、不要悲伤、不要哭泣、不要惊吓孕妇，这是多么贤明的教诲啊！劝导孕妇怀孕期间不要去丧家，这是因为悲伤、冲击和悲叹都会引起感情的极端变化，这些都对胎儿不利，提醒孕妇们多加注意。

让妈妈和胎儿更亲密的冥想

相信大家平时经常听到关于"冥想"和"气"的说法吧，这两者是纯东方的修行之法。现代西方也对这两者表现出极大的兴趣，不仅在医科大学中正式开设了相关课程，对其研究也非常活跃。以哈佛医科大学为首的美国 125 所医科大学中的 38 所将其称为"气医学"，并纳入到正规教学课程中去。哥伦比亚大学已经在大学医院内设立"气治疗中心"并投入运营。始于中国道教的"气"正作为"气功按摩"这种治疗医学的一个领域不断发展，欧美各国也设立了很多相关疾病治疗中心。

研究结果表明，冥想对人类的免疫系统有着很大的影响。如果最初是"东方的神秘"，那么现在则逐渐被科学揭开了神秘的面纱。

那么所谓的冥想到底是什么呢？即使问那些痴迷于冥想数

十年的人，想回答清楚这个问题也不是件容易的事。有人说是"引导气息"，有人说是"享受喜悦、忍受悲伤，寻求心灵永远的自由"，也有人说是"超脱人类历史回归大自然"，还有人说是"想寻求心灵平静，为了消除日常压力或是洗涤纠结的心灵"。如诸位所见，这个问题并没有统一的答案，根据每个人所处的环境和宗教信仰的不同回答也会各种各样。笔者个人认为，冥想是"为了沉淀心灵、净化灵魂、强身健体"。上面罗列的各种回答的根本也在于净化灵魂和强身健体。

怀孕期间的冥想可以让孕妇和孩子感觉更亲密。很早之前就有学者们定义"所谓病，就是指人类的生活感受中那些不利于身心的方面。"冥想可以将恐怖、伤痛、不安、愤怒、悲伤、压力、苦痛、紧张、孤独等深藏在我们体内的各种负面情感进行净化，从而让身心更幸福。

冥想可以根据情况的不同而采取多种方法进行。可以像道士一样在空寂之处打坐，也可以做舞蹈或体操等特别动作。重要的是要怀着爱子之心，最大限度地放松自己。

《孕妇的大脑呼吸》一书作者李承宪博士认为怀孕期间以平和愉快的心态散步也是一种优秀的冥想胎教。因为散步的时候牵动脚部全部肌肉，所以必须保持正确的姿势。在这个过程中孕妇的大脑清醒，血液流动顺畅。只有向大脑提供充足的氧气，大脑的神经细胞才能更活跃运动。

我们的传统胎教非常重视这种"冥想和气"。我们可以轻易地在《胎教新记》中找到与此有关的字句，《七胎道》中的第四道和第六道也有相关叙述。

我们的胎教从很久之前就将"冥想和气"疗法自然运用到孕妇身上。希望孕妇们能够领悟我们传统胎教所强调的"冥想"和"气"的精髓并积极地加以活用。

没有压力的分娩环境也很重要

　　怀孕的最后一站就是分娩，它和之前的十个月同样重要。直到脐带连接的最后一刻，胎儿都在受妈妈的影响。所以分娩应该在轻松安稳的环境中进行。为此，除之前所说的分娩室的照明需要改善之外，还有一点需要注意，那就是分娩时孕妇的姿势。

　　每个国家的分娩姿势都不尽相同。美国大部分都是规规矩矩地躺在床上分娩，欧洲则和美国不同，孕妇可以选择自己舒服的坐姿、站姿等。前面说到美国的剖腹产率是欧洲的两倍，这也和分娩姿势有关。与采取多种姿势的欧洲相比，执著于卧姿的美国多施行剖腹产就不值得大惊小怪了。分娩时受重力影响，孩子从下方出来比从斜方出来更容易。从产妇的角度来看，往旁边用力时的阵痛要比向下用力时疼痛。

　　这里介绍一种能让孕妇很容易产下婴儿的姿势——蜷坐姿势。这个姿势可以扩大骨盆出口和中间的直径，可以让孩子的头能够轻易地通过。有一种"肩胛难产"，指的是婴儿的脑袋通过母亲骨盆后，其肩膀卡在其中所导致的难产。一般来说，如果婴儿身体中直径最大的脑袋能通过，那么身体的其他部分也会很轻易地出来。但有时婴儿的身体庞大，肩膀被卡住就会产生上述问题。这种情况下只要将产妇的两条大腿使劲向腹部推压，多半都可以解决。这就创造了蜷坐姿势，也是和卧姿的区别。实际上蜷坐姿势更容易分娩。如果从一开始就采取这种姿势，那么很可能就不会出现肩胛难产了。

20世纪80年代，国外流行水中分娩。所谓水中分娩，顾名思义就是在水中产下婴儿，古埃及、克利特等地区的贵族们就采取这种分娩方式。在法国复兴后，这种分娩方式传播到整个欧洲，特别是在英国已经相当普遍化，甚至相关政府机构亲自出面建议并监督妇产科医院配备水中分娩设施。

水中分娩有很多好处。首先孕妇可以在与羊水温度相似的温度，即37℃的水中经历阵痛。身体组织可以在水中得到缓解，因此不仅会减轻子宫收缩的痛楚，还会缩短阵痛的时间。此外在水中分娩时会阴部的组织弹性提高，不必进行开阴手术。同时，由于刚降生的婴儿会从子宫的羊水中转移到温度相似的水中，由此减轻了分娩时的压力。婴儿由脐带供给血液，所以不必担心他在水中的呼吸问题。在水中出生的婴儿在剪断脐带之前会自然而然地依偎在妈妈的怀里吃奶。然而最重要的是，孕

妇可以在水中选择最自然的分娩姿势。蜷坐姿势在水中尤为轻松，骨盆顺利扩张，浮力让身体更轻盈。因此孕妇只要骨盆稍用力，就可以完成分娩。

继美国引进这种方式之后，韩国在几年前也介绍了水中分娩，令人遗憾的是，目前的医疗环境只是一味地效仿美国，这并不利于我们医疗环境的改善。

如何为我们的孕妇和胎儿创造一个"无压力分娩环境"还有待于进一步探讨和研究。

第7章

双倍提升胎教效果
的爸爸胎教

- 爸爸的胎教决定孩子的性情
- 爸爸的参与才能使胎教更为完整
- 爸爸胎教越早开始越好
- 做体贴妻子的好丈夫
- ※ 奇怪的精子爱闯祸
- 分娩是整个家庭的庆典
- 用爱心感动妻子
- 陪妻子产检
- 丈夫要做婆媳关系的润滑剂
- ※ 父母是弓，孩子是箭

爸爸的胎教决定孩子的性情

准爸爸需要参与到胎教中来吗？答案是肯定的。

韩国传统胎教的特征是父性胎教，即准爸爸的胎教。中国的传统胎教也十分重视这一点。

怀孕期间爸爸的声音对胎儿有着重要的影响。前面提到过以妊娠羊为对象的动物实验证明了两件事情，一是胎儿在子宫内最常听到的就是妈妈的声音，二是比女性声音稍低的男性声音更容易被传达。以孕妇为对象的实验结果也是如此。爸爸低沉厚重的声音和妈妈的声音一同烙刻在胎儿的大脑中。与怀孕期间关系融洽的夫妇相比，关系恶劣的夫妇的孩子在精神、肉体方面出现问题的几率竟高出2.5倍。这充分地说明了父亲参与胎教的重要性。

传统胎教中非常重视怀孕期间甚至是怀孕前的夫妇胎教。《胎教新记》的第一章中就反复强调合房时即夫妻性生活时男性的心理状态。每个人的资质都取决于父母，因此成为父母的人就要负起应负的责任，竭尽全力地实践胎教。《胎教新记》还强调父亲的胎教决定孩子的性情，母亲的胎教决定孩子的相貌。"在怀孕期间，父亲高洁品性的重要性并不亚于母亲的怀胎十月……每天相敬如宾、遵守礼仪、生活严谨……男女生活在一起，反而有些话说不出口……不让空虚的欲望和厄运附身，这是父亲的义务……因此孩子的气血郁结、神志不清就是父亲的责任……君子，一定要为胎儿倾注所有的心力。"

此外，在《东医宝鉴》、《增补山林经济》、《医心方》等书中也强调了父亲胎教的重要性。父亲胎教的禁忌事项在现代科学看来也是颇具合理性的。传统胎教指出天气不好时，例如大雨天、浓雾天、酷寒天、雷鸣天等应避免合房。醉酒意识不清时、空腹或者吃撑时、患重病时也不要合房。此外还指出应避免在阳光、月光、星光下面或供奉神的神庙或者寺庙里，在灶台或茅房及墓地旁过夫妻性生活。这些内容统称为"天忌"、"地忌"和"人忌"，与现代胎教中医生所提倡的内容并无不同。

我们可以想象一下处在上面提及的那些时间、那些地点时孕妇的身体和心理状态，出现不安感和罪恶感是很自然的事，这在现代医学中被称之为压力。我们都知道，压力性激素会原封不动地通过胎盘传给胎儿。父母胎教虽然是辅助于母亲胎教的，但是好的开始是成功的一半，所以无论如何强调都不过分。

人类的染色体有 23 对，共 46 个。其中有一对为性染色体，女性为 XX，男性为 XY。现代科学中认为性染色体并不仅仅决定了人类的性别，还会像其他染色体一样担当着传递遗传性形状和性质的角色。父性胎教的重要性值得我们再次深思。

爸爸的参与才能使
胎教更为完整

《七胎道》的第六道中介绍，怀孕三个月时是孩子品行的形成时期，因此应提前将象征高雅的珠玉、钟鼓、名香等随身携带。笔者猜想这是因为古人看不到腹中的胎儿，将贵重的东西作为其替代品挂在身上，以便能经常想起提醒自己注意吧！

如今也有孕妇效仿此法，将身边的贵重物品带在身上。当然，所谓的贵重物品并不一定就是宝石，丈夫送的漂亮礼物、夫妇间的信物、与家人的合影等，只要是孕妇觉得是贵重的物品。这么做的目的主要就是要有意地创造一个珍爱胎儿的环境。

这些只有孕妇才能做吗？其实，爸爸们也可以一同参与进来。比起对怀孕十分上心的妻子们，丈夫们往往显得粗枝大叶，有的丈夫甚至是毫不关心。然而，丈夫是除了孕妇之外与胎儿最亲近的人。如果说妈妈为胎儿提供了第一胎教环境的话，那么爸爸就相当于提供了第二胎教环境，也就是说爸爸是继妈妈之后对胎儿影响最大的人。因为丈夫的情感和所作所为直接影响着孕妇的情绪，从这一点来看爸爸对胎儿的影响似乎更大。

从这个意义上来说，丈夫们不妨也来试试《七胎道》的第六道吧。比如将象征日后出生的胎儿的象征物带在身上，这样在上班途中、公司里或者下班路上每每抚摸它们时就会想起孩子，唤起自己的父爱，心底的那份温柔会自然升起，对待妻儿的态度也会大不一样。

孩子的出生是需要夫妇双方共同努力的，孩子本身就是夫妇合作的产物，也是上天赐予的礼物，因此夫妇应该同心协力直到孩子出生那一刻。如果将胎教的责任只推给妻子一个人，那么这跟对待邻居家的孩子没什么两样。如果想要孩子记住自己、酷似自己，就必须从出生前倾注所有的关心、爱护和精力。

《胎教新记》的第一章中这样说："父亲生儿、母亲养育、先生教授，这三者合而为一才能成为完整的人。"这里强调"父亲生儿"，仔细琢磨这句话让人很有感触，一语道破了父亲对孩子生命的孕育所具有的非凡意义。

爸爸胎教越早开始越好

如果可能的话，丈夫们应该尽早开始胎教。怀孕 14 周时胎儿身长约为 9cm，体重约为 45mg。此时可以从外观上鉴定出胎儿的性别。胎儿大脑和胸部之间的颈部在这时也开始形成。到怀 16 周孕时，胎儿可以自己抬头，怀孕 18 周时开始出现耳朵轮廓，怀孕 20 周时孕妇可以感到胎动。察觉到了胎动，孕妇才真正感受到腹中新生命的存在。

丈夫此时也可以通过碰触来感受妻子腹中胎儿的活动。将手放在肚子上，不仅会感到胎儿的踢腿，还会感受到胎儿移动身体时那明显的振动。将耳朵贴在腹部可以听到胎儿的心跳声。这一切都会让丈夫对这个小生命的关爱与日俱增。

根据调查，大多女性都是从怀孕初期起就开始胎教，而男性们大部分都是从感受到胎动那一刻起才开始关心胎教。因为到这时他们才会更清楚地感受到新生命的存在，才会进入父亲的角色。吸烟的丈夫们在妻子怀孕 5 个月的时候才不在其面前抽烟，当然只有关心胎教的丈夫才这样做，不关心胎教的丈夫在妻子怀孕期间仍肆无忌惮地抽烟。由此可以看出韩国的丈夫们对胎教的认识是何等贫乏。

虽然孕妇在怀孕五个月的时候才能感觉到胎动，但实际上胎儿从怀孕第 10 周、11 周时就已经开始自己活动了，即胎动从第三个月时就开始了。因此，如果说胎动是胎教开始的标志，那么就应该将时间提前到怀孕三个月的时候。

其实，说从某个特定的时刻开始胎教也不完全正确，因为胎儿的发育过程中没有一个时刻是不重要的。不管是身体器官的各个部分形成的怀孕初期，还是器官发育的怀孕中期，抑或是胎儿发育完成的怀孕末期，任何一个环节都不能马虎。

这并不是说要严格按照怀孕周数或者月数来实行不同的胎教法。根据怀孕月数尤其要注意的是产检中所建议的事项，例如怀孕初期要避免服药，食物一定要熟透，预防风疹等。此外，要接受必要检查以确定胎儿正常，怀孕初期和末期要避免夫妻性生活。健康的身体孕育健康的精神，孕妇健康的身体是胎教的根本。

在韩国，曾将精神障碍儿童和正常儿童的父母的胎教实践过程进行过比较分析，结果发现，正常儿童的父母对胎教的认知度和实践度都很高，而且大都是从怀孕初期就开始进行胎教，而精神障碍儿童的父母往往对胎教不够重视，即使是进行了胎教也多是从怀孕中期或末期才开始。这个结果至少表明了胎教可能与神经精神学障碍的发生有所关联。

　　我们应该充分认识到，胎教就像怀孕全程不可缺少的各种养分一样重要，因此必须加以重视。毫无疑问，如果不断地提供适量的养分，子宫中的胎儿就会更健康地成长。所以胎教也要贯穿于胎儿的整个生长过程，要尽量为胎儿营造更安定更轻松的环境。《胎教新记》的第二章中介绍："所谓胎，指的是成品之根本，因此一旦定型就再也难改。"也就是说应尽快地进行胎教。

　　不要将处于人生起跑线上的胎儿拉到起跑线后面。好的胎教只有在夫妇全力以赴的时候才能实现。

做体贴妻子的好丈夫

在 笔者从医生涯中遇到过这样一件事，一位来就诊的孕妇悄声对我说："您劝劝我丈夫吧。"笔者很诧异地问她怎么了，她回答说："我丈夫每天晚上都要和我那个。您说说他吧。"

原来这位孕妇想让笔者劝劝她那位每晚都要求性生活的丈夫，这可真是一个不懂事的丈夫。这位孕妇曾经有过怀孕7个月时流产的经历，现在已经怀孕8个多月了，频繁的性生活是很危险的。我把那位丈夫叫来，跟他说明了怀孕末期的性生活是如何危险，尤其是妻子曾经流产过，所以要更加小心。听完此话，丈夫挠着后脑勺儿不好意思地回去了。这真是一个让人又好气又好笑的男人，不知道这样不理解怀孕妻子的男人是不是还有很多。

怀孕前3个月和怀孕末期时是要节制性生活的，这是针对正常夫妇而言，如果是有过流产或者早产经历的孕妇更要禁止性生活。《胎教新记》的第四章中详细地记录了孕妇的身心管理和情绪管理等各种胎教方法，其中也对夫妻性生活做出了孕后禁欲的指示。《七胎道》的第七道中也提及到怀孕期间禁欲，尤其是分娩月一定要禁止夫妻性生活。大部分民间流传的胎教中也提倡怀孕后夫妇分房而睡。性生活对怀孕初期的流产、怀孕中期和末期的早产都有着一定的影响。当然，并不是说怀孕期间完全禁欲，如果没有异常情况，只要在怀孕初期和末期加以注意即可。

作为丈夫，要理解妻子怀孕的辛苦。女人在整个孕育新生命的过程中都承受着巨大的心理负担和身体负荷。无论在日常生活还是夫妻生活方面，丈夫都要给予无微不至的关爱和体贴，让妻子快乐幸福地度过每一天。毕竟，胎教是夫妇共同的责任，绝不是孕妇自己就能胜任的事情。

对怀孕期间的妻子来说，丈夫的关心和爱护比什么都重要。请铭记：一夜的欢愉也许会抹杀孩子的全部幸福。这种欢愉会转瞬间变成痛苦。所以，就算为了自己的骨肉，也要做一个体贴的丈夫。

奇怪的精子爱闯祸

　　我们在临床上接待过很多习惯性流产的病例。对医生来说，习惯性流产甚至比不孕症更让人感到棘手。而对孕妇来说，习惯性流产不仅让她们饱受身体上的折磨，在精神上也是备受摧残，甚至整个家庭都为此事感到不快和担忧。

　　人们习惯性地把习惯性流产归于孕妇自身体质所导致的。在此我想声明一下，习惯性流产的原因中有很大成分是来自于男方，这是笔者经过以700多名习惯性流产患者为对象所做的调查后得出的结论。当然，子宫异常、初次怀孕做人工流产都容易导致日后出现习惯性流产，所以要多加注意，不仅要做好孕前和孕期的检查，而且对待怀孕这件事一定要慎重，一旦怀孕不要轻易做人工流产。

　　那么，除此之外，从免疫学的观点来看，30%左右的习惯性流产是因为男性的精子和女性的卵子相互冲突而引起的。有人可能会不明白这是怎么一回事，举个简单的例子就很好理解了。比如现代发达的医学技术可以对人类的内脏器官进行移植手术，但在做移植手术之前要先进行配型，看看供体器官与受体是否匹配。如果不能达到移植所要求的各项条件，那么关系再亲近也无法捐献器官。即使配型成功，供体器官在受体身上也会出现排斥反应，这是人体对其他人的组织特有的免疫反应。

身体内的这种排斥反应是一种极其正常的现象，这就像是有害菌一侵入人体时人的白细胞就会为消灭细菌而迅速增加一样。

所谓怀孕，就是男性的精子和女性的卵子相结合生成受精卵之后在子宫内着床的一种现象。而着床实际上就是一种组织的移植。因此怀孕就如同肾脏、肝脏和心脏等组织移植一样，出现了排斥反应很正常。

那么是不是所有的怀孕都会发生排斥反应，然后导致流产呢？与其他组织不同，受精卵之所以可以着床是因为女性体内产生了抑制精子免疫反应的抗体。在怀孕时期是可以观察到这种特别的免疫反应现象的，妇产科教材中称这种现象为"免疫学宽容"，意思是在免疫学上格外予以优待。流产的原因在于丈夫的精子是不同于一般的"奇怪精子"。精子有问题，受精卵就会出现问题。

因此，习惯性流产绝对不只是女性的责任。从解剖学角度来说，可能是怀孕自身的问题；从免疫学角度来说，可能是丈夫"奇怪的精子"在作怪。

所以，如果孕妇发生习惯性流产，不要去怪罪她，让她本来就痛苦的内心增添更大的压力和更多的烦恼。丈夫和家人应该给予其加倍的珍惜和加倍的爱护，帮助她扫除压力，建立信心。

分娩是整个家庭的庆典

大多数孕妇对分娩这件事都有恐惧心理，一想到那种无以言表的剧痛就令人害怕，甚至有的孕妇在怀胎整整十个月里都对分娩怀揣着巨大的压力。对于这些孕妇来说，连身心都安定不下来，更别提做好胎教了。

在韩国，分娩方式仍太过于保守。所有的产妇都必须老老实实地躺在分娩床上产下婴儿，不管多想见丈夫，多想有家人陪伴，也会因为一连串的检查程序而愿望落空。分娩室通常都是"闲人免进"的地带，也是只属于那些阻止病原菌侵入的医生护士的世界。产妇独自一人在冰冷而陌生的环境中与阵痛战斗，孤孤单单地产下孩子。有的孩子刚出生还来不及让妈妈好好地看一看抱一抱，就被送往育婴室。实际上，这种分娩环境，绝对不适合妈妈和孩子。

1999 年 9 月，韩国首次试行了水中分娩。因为是第一次，所以一切都很小心翼翼，并收集了许多资料进行彻底的准备。产妇是音乐剧演员崔贞媛，她对国外的水中分娩很感兴趣并了解了很多，本人和家属也同意这样做。分娩在非常温暖的气氛中进行。首先播放了产妇最喜欢的"歌剧魅影"的原声音乐，丈夫也进入浴缸内全程陪伴妻子经历阵痛。整个分娩室内都放满了家人准备的气球，产妇的母亲也站在浴缸外面不断地鼓励产妇。丈夫将事先为妻子准备好的激励话语贴在浴缸旁边。为了营造家庭气氛，还把家里常用的两盏台灯也拿了进来。产妇的阵痛不仅得到了缓解，阵痛时间也比其他产妇缩短了一半。最后产下了一名非常健康的婴儿。

在这个过程中，重要的不是水中分娩，而是将分娩当做全家人的庆典来进行。丈夫和产妇的母亲在身边陪伴，就如同在自己家里一样，产妇在这种轻松的家庭氛围中心态平和地分娩。

当然，分娩要成为丈夫和家人全员参与的庆典，对大多数人来说似乎还是一种奢望。不管是韩国的医疗保险制度，还是其他社会环境都会让医生在创造这种环境时也都显得束手束脚。我们的社会环境还不具备这种条件，实为一件憾事。

在此还想多说几句题外话。现在的电影、电视剧中生孩子的场面很多，但都千篇一律地将这个过程拍摄成很痛苦而又恐怖的场面。演员们大概认为痛苦的声音越大就越真实，所以都使出吃奶的劲儿发出悲鸣声，而镜头也都往往凝固在她们额头的汗水上面，紧接着又是生产过后那虚脱的模样。可能电视剧的编剧们想要的就是上述那种场面，但是这种场面对女性们来说一点好处都没有。成长中的青少年们，尤其是女孩子们看了这些电视剧之后，会在脑海里留下什么呢？她们会认为分娩是一件极其可怕极其痛苦的事情，会早早地在心中埋下压力的种子，从而对日后的婚姻和怀孕始终惴惴不安。如果我们改变不了电影电视剧制作人的想法，那就奉劝女性朋友们少看这种镜头，即使看到了也不要被吓到，分娩是很正常的事，是从古至今每个女人必经的过程，也是一种可以忍受的疼痛，完全不必过于害怕。

笔者呼吁：让丈夫和家人参与到分娩中来吧！让产妇在温馨的家庭氛围中产下孩子吧！请亲爱的家人们守在分娩的妈妈身边吧！如果丈夫关注分娩过程，对妻儿的爱就会更加深厚，这才是值得赞叹的胎教环境。

用爱心感动妻子

"不就是怀孕了嘛，还真当自己是王妃呢。"有些丈夫会不住地发出这样的牢骚。怀孕期间的妻子由于身体笨重可能会要求丈夫分担一些家务活，或者情绪突变提出这样那样的要求，有时可能会让丈夫应付不了。笔者想对心存抱怨的丈夫说："如果妻子是王妃，那么自己就是王啊，这不好吗？伺候妻子难道不比伺候王妃好吗？"心存抱怨的丈夫们要记住，将妻子当做王妃伺候，那么将来的孩子就会拥有王子和公主般的气质。这么一想还有什么不愿意做的呢。

在过去的君主时期，如果王妃怀孕了，皇上就会大赦天下；孩子出生时还会有更大范围的赦免，这就是皇上的父性胎教。父性胎教起着辅助并支持母性胎教的作用。对怀孕的妻子和周边的人不利的言行要慎之又慎，凡事三思而后行，这就是在帮助妈妈进行胎教。韩国民间流传下来的传统胎教格外强调丈夫的慈爱。其中最具代表性的就是禁止一切杀生，动植物都包含在内。不能宰杀狗、猫、鱼甚至是昆虫，不要砍下一根树枝或者拔掉一根草。笔者相信，爸爸的心性的确可以影响孩子。

虽然我们现在不能完全迷信于这种说法，但丈夫总可以为怀孕的妻子分忧解劳，为她制造各种幸福浪漫和感动，比如陪她一起出去吃饭或陪她散步。就算妻子不是真正的王妃，但却是我们自己的王妃，所以要多多付出爱。

1926 年 Ellis 提出"感动孕妇心灵的强烈的心理刺激对胎教很重要。"感动孕妇有利于胎儿，如果妻子感受到丈夫的关爱，那么她内心的满足感将会对胎儿产生积极的效果。不仅是丈夫，还有孕妇身边的其他人，希望所有的人都能够给予孕妇感动。

陪妻子产检

孕妇们来医院做产检的时候，夫妇结伴而来的情况越来越多，这一点应该大力提倡。根据观察，丈夫陪妻子一起来产检的频度越高，怀孕预后就越好，由其他家人陪伴孕妇来检查也是一样的。这个结果意味着什么呢？我们是不是可以理解为周围人对孕妇越关心越爱护，怀孕预后就越好。

有些妇产科医院声称丈夫一次也不陪同妻子到医院产检的情况下，孕妇多患有各种并发症。从医多年的笔者也见过很多类似情况。如果好好反思，就会发现孕妇越是无法从身边感受到关怀，其危险发生率就越高。也就是说，以丈夫为首的家人的关心对怀孕预后很重要。

丈夫们要注意产妇生产后可能会出现产后忧郁症和健忘症等。产后忧郁症是一种孕妇在生产后因各种变化所引起的神经疾病。其中有些症状恶化，情况很严重。那么，导致产后忧郁症的原因都有哪些呢？答案非常简单。首先是因为怀孕所引起的身体不便，生产时承受着会阴部被切开的各种压力负担，尤其是剖腹产要比自然分娩恢复得更慢，产妇要长时间地忍受后遗症的困扰。最重要的是，孕妇生产后更加担心自己对丈夫再也没有吸引力了，同时还肩负着养育孩子的重任和哺乳的负担。对于这所有的一切，丈夫又能理解多少呢？

周围还有很多产妇在生了孩子之后开始健忘。在几年前英国的学术杂志《新科学》刊登了一篇论文，认为产后健忘症是由孕妇的大脑收缩引起的，这种观点得到了大部分的肯定。所幸大脑收缩在生产 6 个月之后就会不同程度地恢复，当然受到致命脑损伤的情况例外。然而是否能完全恢复还是一个未知数，尤其这些孕妇如果被之前提及的产后忧郁症所折磨，情况只会加剧。妻子的这些辛苦，丈夫们是否看在眼里疼在心上呢？

越是这种情况，父性胎教就越应该发光发热。妻子为了孩子承受了很多的牺牲，还有什么是丈夫不能做的呢？请丈夫们为怀孕的妻子尽心尽力，付出你所有的爱吧！

丈夫要做婆媳关系的润滑剂

经常想起笔者喜爱的一名女性作家发表在杂志上的一篇随笔。

"一开始我认为在婚后不会和婆家有什么矛盾。因为娘家人和婆家人从我有记忆起便频繁往来，就像是一家人一样亲密无间。我和丈夫的婚姻也几乎算是由双方父母决定的。对我来说，丈夫先是家人，然后成为恋人，最终共同步入婚姻的殿堂。然而看着我长大的公婆，特别是婆婆，在我结婚后反而觉得没有以前好相处。一开始是因为对彼此家庭的所有大事小事都太了解而倍感压力，互相隐瞒的事情越来越多。严格来说，一个家庭和另一个家庭都有各自的秘密，家庭成员之间也各有各的隐私，然而结婚之后从对这个家庭知之甚少到了解透彻，彼此的关系却渐渐疏远。如果像我这样的情况都不能避免和婆家的矛盾，那其他人会多么痛苦啊？"

这位作家在衣食无忧的富裕家庭中长大，她的丈夫也是如此。两个人都接受了最好的教育，所以应该不是社会地位和教育程度导致了矛盾的产生。女性从结婚时起，就要不可避免地面对和婆家人的矛盾，特别是婆媳间的矛盾。只是程度不同而已，大多数女性都会面临这一问题。

女同胞们认为在各自的家庭中都生活二三十年了，没有理由让自己从此只按照丈夫家的方式生活，而男同胞们则固执地认为既然结婚了，当然就得按照婆家的规矩来。这个问题在很长的一段时间里都将是个难解之题。然而这种问题是两个人或者两个家庭之间的问题，如果怀胎产子的话就应该改变想法，因为我们不能将孩子也卷入矛盾之中。

在现实生活中大家可能都有这样的共同感受，那就是婆婆和亲妈还是不同的。亲妈更关心自己的女儿，而婆婆更关心的是孩子。当然凡事都有例外。也有比婆婆还要严厉的亲生母亲，也有比亲生母亲还要温柔的婆婆。然而这只是少数，之前所说的情况倒是很多。这一点也可以让人理解，毕竟婚姻是将两个原本陌生的家庭联系到一起，在一起生活相处的时间短，感情上肯定要差一些。当然大部分婆家是好的，也有极个别的婆家尖酸刻薄。所以，作为丈夫的作用是非常重要的。如何在妻子和母亲中间斡旋，处理好二人的关系，丈夫的责任重大。婆媳关系处理不好，胎教自然会受到影响。因此丈夫要积极面对并处理好各种关系，除了自己还要鼓励和号召自家人学习胎教并付诸实践。

也许笔者对当下婆媳关系的判断是武断的，也真的希望自己的想法是错误的。不管怎样为了胎儿，婆家也好娘家也好，大家一起参与到胎教中来吧！

父母是弓，孩子是箭

　　有人将子女比喻成父母的勋章要将其擦得闪闪发亮，然后展示给世人。也有人比喻说"胎儿是箭，父母是弓"。如果说在妈妈的子宫内成长的胎儿是箭的话，那么孕妇就是弓身，丈夫就是那紧绷的弓弦。如果希望自己的孩子能拥有更广阔的天地，弓身就得更牢固，弓弦就得更有力。那么胎教又是什么呢？应该就是拉弓时的力量吧！

　　胎教最终将会成为让胎儿身体更健康、精神更健全的有力后盾。有些丈夫很顺理成章地认为怀孕期间的胎教就是妻子的责任。其实不然，为了让孩子的身心无任何缺陷地成长，夫妇的相互合作必不可少。这种努力在怀孕期间要比产后更加重要。

　　因为孕妇亲身经历着怀孕，所以对身体变化相当敏感，自己也积极主动地学习各种注意事项以及临危处理方法等各种情况的对策。可丈夫们的情况呢？与妻子相比，其热情和关注度抑或逊色很多，这与婚前的教育也是有关的。

　　越是发达国家，婚前教育就越制度化。从结婚前开始，准夫妇们就通过各项健康审查来确认自己的健康状况，一旦发现问题就及时在结婚之前或者怀孕之前治疗。如果怀孕了，第一次来医院的时候都是由丈夫陪着妻子，他们向医生询问须知事项，细心地做好预后等。这些丈夫对妻子的怀孕特别关心。此外在国外，很多丈夫都在妻子分娩时跟进产房，握住妻子的手在一旁守护。虽然这与各国的社会文化和风俗有关，但其进步的一面的确值得我们深思和学习。

怎能只让妻子一个人对腹中的胎儿负责呢？孕妇为了在体内培育胎儿而身心俱疲，因此这时极为需要丈夫的帮助。对怀孕负责、对胎儿负责，这理应由夫妇共同承担。

对孕妇们来说，"怀孕"本身就是在进行胎教。在自己的子宫内培育胎儿，这不能不说是爱。然而丈夫们则不同，由于没有在自己的体内培育胎儿，职场生活中也会暂时忘了妻子，因此对孩子的想念也会大打折扣。最终只有在看到妻子的时候才会显示一下关心。

丈夫应该爱妻子，这是任何一个世人都应该知道做到的。有报告显示：没有互相关爱珍惜之心的夫妇产下身心不健全婴儿的几率更大。即使在职场中，也请丈夫们时常想想怀孕的妻子。这种生活习惯会让你更加爱妻子，从而更加爱孩子。

胎儿是夫妇射向云霄的利箭。能飞多远、能冲多高取决于弓弦包含着多少的诚意和关爱。这就是夫妇共同的责任。

"平静的心情"是培育聪明
宝宝最好的胎教

孩子脑细胞的 70% 都在妈妈的腹中生成。皮茨伯格大学的研究小组认为，好的子宫内环境应该有充足的营养供给、隔断有害物质和平静的心情。如果没有压力，妈妈们就能吸收更多的氧气，充足的氧气会促进孩子的大脑茁壮成长。为了培育身体健康、心性正直的孩子，丈夫、家人、职场同事和邻居都应该和孕妇一起进行胎教。

与其说朴文日教授是"妇产科医生"，不如称他为"胎教传道士"。《决定宝宝智商和情商的胎教科学》第一次发行时让人既惊讶又羡慕。因为这是全世界第一次试图用科学的观点来解释胎教。

此书出版之后一跃成为畅销书，之后数以万计与胎教有关的书籍涌上市面。作者数十年如一日地活跃在医学界和工作第一线，在修订版中不仅引用了最新的理论和临床结果，还为了产妇和其家人便于理解做了结构上的调整。

作者提出的"优秀的胎教是下一代教育的第一步"很值得推崇。此书尤为重视腹中胎儿的健康心性，希望此书不仅会对孕妇们有所帮助，也希望家人和周围的人也能共享此书。

——李弘钧（前仁济医科大学上溪白医院院长，大韩助产医学会会长）